MÁS LUCES QUE SOMBRAS:
EL IMPACTO DE LA
LEY ORGÁNICA DE COMUNICACIÓN
EN LA TV ECUATORIANA

Más luces que sombras:
El impacto de la Ley Orgánica De Comunicación en la TV ecuatoriana

Ingrid Viviana Estrella Tutivén

EGREGIUS ediciones

MÁS LUCES QUE SOMBRAS: EL IMPACTO DE LA LEY ORGÁNICA DE COMUNICACIÓN
EN LA TV ECUATORIANA

Ediciones Egregius

www.egregius.es

Diseño de cubierta e interior: Francisco Anaya Benitez

© Los autores

1ª Edición. 2019

ISBN 978-84-17270-86-5

A Dios, mi familia y mis mentores.

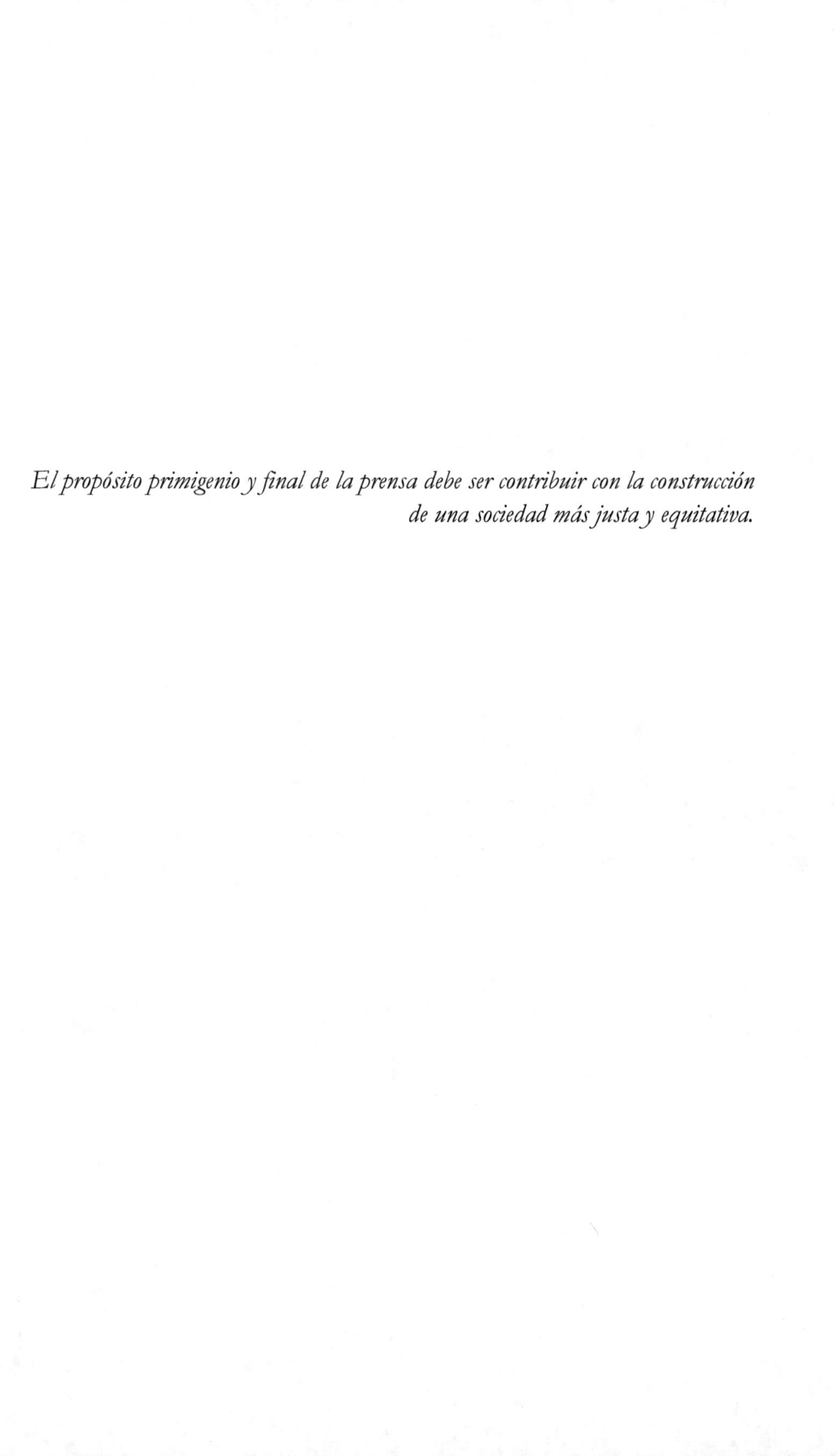

El propósito primigenio y final de la prensa debe ser contribuir con la construcción de una sociedad más justa y equitativa.

CONTENIDO

NOTA PRELIMINAR

En las sociedades actuales la libertad de expresión es la condición básica para el adecuado funcionamiento de la democracia. El periodismo, a través de los medios de comunicación, se convierte entonces en la herramienta necesaria para garantizar esa libertad de expresión cuando ejerce el papel de contrapoder o de vigilancia del poder.

En el siglo XX se generalizó la idea de que el periodismo debía ser "el cuarto poder" para vigilar el comportamiento de los tres poderes públicos, Ejecutivo, Legislativo y Judicial. Grandes casos como el Watergate fortalecieron esa idea, demostrando que el periodismo podía llegar a derrocar gobiernos.

No obstante, por las mismas fechas del Watergate Herbert Schiller empezaba a cuestionar la presencia de accionariado ajeno a la comunicación en los grandes grupos mediáticos. Surgió una línea de estudios críticos que observó cómo el poder, los poderes políticos perdían relevancia con el avance y fortalecimiento del capitalismo y se supeditaban al poder económico. En ese sentido, la concepción de los medios de comunicación perdía razón de ser porque eran vigilantes de tres poderes que tenían por encima un poder superior.

A finales del siglo XX con las grandes fusiones que originaron los conglomerados mundiales de la comunicación se generalizó la presencia de accionariado ajeno a la comunicación, la concentración de la propiedad y otras tendencias similares a las que estaban viviendo otros sectores económicos. El problema es que el producto era el mensaje y no podía estar bajo los vaivenes del mercado y garantizar la libertad de expresión al mismo tiempo. Son funciones incompatibles.

El papel de los gobiernos como garantes de la libertad de expresión es muy cuestionable. Ha habido algunos intentos por regular el funcionamiento de los medios de comunicación, pero no ha resultado tarea fácil, se enfrentan a una estructura mediática mundial, una telaraña de intereses, como ha explicado detalladamente en su obra Ramón Reig.

En ese contexto global, el gobierno de Rafael Correa en El Ecuador planteó la modificación de la Ley de Comunicación con el fin de establecer un marco legal para proteger la libertad de expresión y garantizar el derecho a la información. Las críticas se extendieron más allá de las fronteras de ese pequeño país, porque la estructura mediática global vio amenazados sus intereses económicos. Gracias a los acuerdos de colaboración y esos pactos no escritos de las grandes empresas se inició una campaña mundial de desprestigio, criticando al gobierno de Correa por poner límites a la libertad de expresión, cuando lo que pretendía era poner límites a la libertad de empresa y proteger la comunicación para que el mensaje no fuera tratado como una mercancía más.

De todo esto trata este libro, indispensable para el estudio de los medios de comunicación en América Latina y el funcionamiento de los medios de comunicación en el mundo. Una aportación interesante de la autora que escribe desde la experiencia del ejercicio de la profesión periodística y sabe bien de lo que habla. Hace análisis académico y fundamenta la investigación, pero desde el punto de vista de quien ha vivido y padecido las dificultades de ejercer una profesión tan difícil como apasionante.

Nos congratulamos de que salga a la luz y deseamos largo recorrido a la autora, tanto con esta obra como las que vendrán más adelante, que continúen desde la academia haciendo análisis críticos, libres de condicionantes políticos y económicos.

Rosalba Mancinas Chávez

PRÓLOGO

M *ás luces que sombras: el impacto de la LOC en la TV ecuatoriana* constituye la obra prima de la investigadora Ingrid Estrella Tutivén, y de hecho, ha sido una manera muy oportuna para compartir algunos de los principales resultados de su tesis de doctorado, acerca de los cambios generados en la televisión por la cuestionada Ley Orgánica de Comunicación (LOC), que estuvo vigente en el Ecuador desde mediados de 2013 hasta fines de 2018.

A través de sus más de cien páginas, la autora no solo acude a una abundante bibliografía y documentos que sustentan cada afirmación; sino que además expone ejemplos y diferentes experiencias obtenidas también en su condición de periodista durante varios años, de medios de comunicación que cuentan con las mayores audiencias del país.

De ahí que su obra en diferentes momentos esté matizada por algunos elementos de crónica, mezcla de datos documentales, testimonios y razonamientos, que guían la interpretación del lector y lo sitúan en condiciones de valorar y construir sus propios puntos de vista. Todo ello en un estilo directo, sin retruécanos "cientificistas"; aunque sí con el rigor teórico y empírico que el tema requiere.

Ello le permite a Estrella recorrer distintos ámbitos del articulado de la original Ley Orgánica de Comunicación ecuatoriana y mostrar cambios objetivos positivos y negativos, sin hacer concesiones a las variadas tendencias que principalmente en el orden político -más que mediático o profesional- se desarrollaron en cuanto a la vigencia y aplicaciones de este cuerpo legal, cuyo cuestionamiento fue una constante entre los opositores del antiguo régimen liderado por el expresidente Rafael Correa Delgado.

Preguntas tan incisivas como si la Ley era realmente necesaria o si constituía, como alguien dijo, una "mordaza" para los medios de comunicación; así como la importancia de una regularización del sistema de comunicación y la existencia de órganos institucionales que evalúen, juzguen y sancionen el comportamiento "violatorio" de las normas establecidas mostrado por algunos medios, son temas iniciales que dan pie al análisis de los resultados de varios años de vigencia de la LOC. A partir de ellos, otros temas como el de los cambios realmente experimentados en la producción, circulación y consumo del mensaje mediático, tomando como fuentes documentos y datos oficiales o extraídos mediante técnicas de investigación aplicadas a los propios actores de estos complicados procesos, le permiten a la autora desenvolverse con naturalidad y rigor científico en la explicación e interpretación de lo acontecido durante estos últimos años, en torno a la aplicación de esta norma jurídica.

Por todo lo anterior, en síntesis, la lectura de esta obra para estudiantes, profesionales e instituciones interesadas en un abordaje desapasionado y desprejuiciado sobre el tema, constituye una fuente de consulta de mucha utilidad, tanto para la actividad teórica como para asumir sus datos de referencia en futuros estudios o reformas legislativas en materia de comunicación.

Dr. Heriberto Cardoso Milanés

INTRODUCCIÓN

Debo confesar que me sentí complacida el día que fue aprobada la Ley Orgánica de Comunicación (LOC) en mi país, Ecuador. Era junio de 2013 y hasta ese entonces ya llevaba 12 años trabajando en dos de los medios más prestigiosos de la nación, tiempo suficiente para darme cuenta que la libertad de expresión solo era una utopía y que estaba condicionada al deseo de los propietarios de las empresas mediáticas o de sus administradores, editores o jefes de redacción. Siempre me había frustrado el hecho de que los medios de comunicación -a pesar de lo que pregonan- no son realmente los portavoces de los sectores más vulnerables, ni baluartes de los ignorados o marginados, sino que el contenido de sus informativos o de sus páginas impresas depende de los intereses políticos o mercantilistas de sus dueños.

Por eso, cuando surgió la LOC me pareció un instrumento útil para poner la comunicación al servicio de la sociedad, para que haya una verdadera transformación de los contenidos y los medios se conviertan en los educadores del pueblo, en los defensores de las causas más nobles y justas.

Sin embargo, el nacimiento de este cuerpo legal causó un gran debate en la esfera pública ecuatoriana, una confrontación que se fue agudizando con el paso de los años, sobre todo entre los grupos de derecha y de izquierda, entre los medios privados y públicos, entre el gobierno del expresidente Rafael Correa (propulsor de esta ley) y sus detractores. Y aunque la LOC provocó cambios importantes y positivos en los *mass media*, también dio paso a que ciertos políticos de turno la utilizaran como arma para acallar a sus enemigos y a los medios que no se sometían a ellos.

Este libro trata de ser una recopilación de los cambios que se susci-taron -debido a la LOC de 2013- en la televisión ecuatoriana, un medio al que conozco bien porque trabajé en él más de una década.

 El hecho de que haya vivido en primera persona esa transformación, en todos sus ámbitos (obtención de frecuencias, producción, tecnología, contenido y condición laboral del talento humano) me impulsa a intentar clarificar y mostrar a la comunidad los cambios que se dieron en la pantalla chica, con el fin de llegar a conclusiones que enriquezcan y provean de material de estudio para este tema.

No termino esta introducción sin antes indicar que cuando estaba a punto de publicarse este libro, la Asamblea Nacional aprobó la reforma de LOC que cercenó las ¾ partes de su texto original y eliminó su verdadera esencia, el sentido por el cual fue creada durante el gobierno de Rafael Correa. Esta reforma acogió los pedidos de los más fuertes críticos de la regulación de medios y de los más enconados vituperadores del "correísmo". Solo el tiempo dirá si la mutilación o transformación de este cuerpo legal logró convertir a los medios de comunicación en verdaderos instrumentos y baluartes de la libertad de expresión y de prensa del país; o provocó un regreso al pasado, cuando las empresas mediáticas eran la poderosa maquinaria utilizada por los ricos y gobernantes de turno, para desinformar y manipular a la opinión pública, conforme a sus ignominiosos intereses y conveniencias.

CAPÍTULO I

¿ERA NECESARIA UNA LEY DE COMUNICACIÓN?

Cuando nació la LOC en Ecuador (junio de 2013), las salas de redacción de los canales de televisión comenzaron a experimentar una metamorfosis. Los cambios se vieron en la manera de redactar y editar una noticia, como también al momento de efectuar una transmisión en vivo. Periodistas y equipos de producción de los medios televisivos empezaron a alinearse a los nuevos parámetros, determinados por la LOC, que les obligaba a elaborar con sumo cuidado sus contenidos comunicacionales y construir sus piezas audiovisuales, so pena de ser amonestados o sancionados.

Los medios sintieron por primera vez la presión de ser observados y vigilados por un órgano que tenía sobre ellos poder fiscalizador, la Supercom (Superintendencia de Información y Comunicación)[1]. Debido a esto, los productores-jefes empezaron a obligar a sus periodistas a extremar sus procesos de verificación de las informaciones recibidas por sus fuentes y a presionar a los editores para que vigilen cada una de las imágenes usadas en el proceso de elaboración de las notas periodísticas, para que no transgredan las normas establecidas en la nueva ley.

Pero la exigencia también recayó sobre los programas de entretenimiento y sobre todos los procesos de elaboración de las parrillas de programación.

Esto derivó en que varias de las comedias que gozaban de la aceptación de la mayoría de los ecuatorianos tuvieran que salir del aire, debido a las quejas y denuncias realizadas por diversos ciudadanos o colectivos sociales.

La LOC también obligó a regresar a las aulas a todos quienes trabajaban en el proceso de elaboración de noticias de los medios. La exi-

---

[1] En la reforma de la LOC quedó eliminada la Supercom.

gencia de profesionalizarse fue bien recibida por unos, pero desdeñada por un gran grupo de los empleados de los medios, que carecían de un título universitario.

Pero en la parte administrativa, la ley también provocó transformaciones profundas. Desde el mismo hecho de que propició el impulso de los medios comunitarios, históricamente marginados en el país. La LOC les dio una parte importante del espectro radioeléctrico (34%) y los enmarcó en un concepto que los obligaba a dedicarse a la promoción, difusión y conservación de pueblos y comunas ancestrales, que en el pasado no tenían voz ni eco en la sociedad.

Sin embargo, muchos se quejaron de que en la realidad, los procesos burocráticos no mejoraron y conseguir una frecuencia siguió siendo una tarea titánica. Otros, en cambio, indicaron que esta potestad de adjudicar y quitar frecuencias fue usada para castigar a los medios que no complacían al régimen de turno.

Bajo esta realidad, se trata de examinar, con detenimiento, la Ley Orgánica de Comunicación de 2013, una de las metas que se trazó el expresidente del Ecuador, Rafael Correa, desde que ganó su primer mandato, en el año 2007. Según siempre dijo el exmandatario, esta ley era necesaria y urgente, "no para que no haya prensa, sino para que haya buena prensa, buena información, verdadera libertad de expresión, que no es inventarse algo cada día, como hace la prensa corrupta...es garantizar el derecho, no de los dueños de una imprenta, no de los dueños de un canal, sino de los ciudadanos a expresarse libremente, respetando a los demás" (SECOM Ecuador, 2013),

Correa quiso así frenar "los grandes negocios que quieren convertir a la información en una mercancía más y la información no es una mercancía, es un derecho" (SECOM Ecuador, 2013).

Los medios se resisten a ser regularizados

Pascual Serrano, en su análisis histórico "Medios democráticos. Una revolución pendiente en la comunicación", plantea que en los años 80 y 90, en América Latina, el resultado de las políticas mundializadoras y neoliberales fueron los oligopolios mediáticos, la transnacionalización de las empresas nacionales y la anulación del aparato público relacionado con la información (Serrano, 2016). Pone como ejemplo países como Argentina donde la televisión pública se sumió en un estado de precariedad, mientras que en otras naciones, como Ecuador, jamás llegó a surgir.

Serrano también afirma que el poder de esos "gigantes mediáticos" (como el Clarín, en Argentina; y Grupo Cisneros, en Venezuela), fue tan grande que dio paso a que los gobiernos cedieran ante ellos y dictaran leyes a su favor, formando para ellos un paraíso de total impunidad y librándolos de someterse a regulaciones que los afectaran económicamente.

Denis De Moraes (2013) apoya esta afirmación al declarar que durante la época en la que imperaba el neoliberalismo en Latinoamérica el sistema mediático elaboraba y difundía contenidos enmarcados en sus intereses, "rechazando cualquier modificación legal o regulatoria que ponga en riesgo su autonomía". De Moraes asegura que esto promovió la "pretensión de imponer reglas propias, incluso las de naturaleza deontológica, para colocarse por encima de las instituciones y hasta de los poderes representativos electos por voto popular" (De Moraes, Ramonet, & Serrano, 2013b, p. 121).

Pero la historia muestra que todo intento de regularización de los medios siempre ha estado envuelto en polémica. Basta recordar el fuerte debate que se vivió en Estados Unidos, a fines del siglo XVIII, cuando durante la presidencia de Jhon Adams y frente a una posible guerra contra Francia, el Congreso aprobó las leyes de extranjería y sedición, para "proteger" a la opinión pública de la influencia de los "enemigos foráneos" y de la prensa. Específicamente, la ley de sedición trataba de reprimir todo tipo de crítica contra las autoridades de ese entonces. Su texto era el siguiente:

> Cualquier persona que escriba, imprima, pronuncie o publique cualquier escrito falso, escandaloso y malicioso contra el Gobierno de los Estados Unidos, o (...) el Congreso de los Estados Unidos, o (...) el presidente de los Estados Unidos, con la intención de despreciarlos o desacreditarlos, o de excitar el odio en su contra de la buena gente de los Estados Unidos, (...) tal persona será penada con una sanción que no excederá los doscientos dólares o los dos años de cárcel (Rodríguez, 2010) .

Los opositores al gobierno de Adams calificaron dichas leyes de inconstitucionales, puesto que se iba en contra de la primera enmienda de la Carta Magna, que dice así:

> El Congreso no podrá hacer ninguna ley con respecto del establecimiento
> de la religión, ni prohibiendo la libre práctica de la misma; ni limitando
> la libertad de expresión, ni de prensa; ni el derecho a la asamblea pacífica
> de las personas, ni de solicitar al gobierno una compensación de agravios
> (Chen, 2006, p. 11).

1.2. ¿Era la LOC de 2013 una ley mordaza?

La aprobación de la Ley Orgánica de Comunicación, en junio de 2013, significó un duro revés para el poder mediático del país, sobre todo para los opositores al "régimen correísta", muchos de los cuales recibieron multas económicas por parte del nuevo ente sancionador de los medios, Supercom, que consideró que no se apegaban a la nueva normativa.

Uno de los sancionados fue diario *La Prensa* de Riobamba (provincia de Chimborazo), un periódico local, que tiene como tiraje 4.000 ejemplares.

En la primera sanción debió desembolsar una multa de 10 Remuneraciones Básicas Unificadas ($ 3.400), impuesta el 4 de septiembre del año 2015, por no cumplir el artículo 90 de la LOC, es decir, no haber difundido el tiraje en la página principal de sus ediciones del 7 de mayo y del 20 de julio del 2014.

La segunda multa se dio por infringir el artículo 28 de la LOC al no entregar, en el término de tres días, ejemplares pedidos por un ciudadano. Por ello tuvo que pagar cuatro Remuneraciones Básicas Unificadas (RBU) (entonces $ 1.360).

El diario también enfrentó más denuncias: nueve por no publicar el tiraje; una por supuestamente fomentar la prostitución en la publicación de un clasificado que ofertaba personal de modelaje, y otra que aducía discriminación contra el presentador de un reinado, a quien no se incluyó en una foto y sí a la artista invitada.

Sin embargo, y aunque estas denuncias fueron desestimadas por la Superintendencia de Comunicación, *La Prensa* asegura que incurrió en gastos fuertes para costear los honorarios de los abogados y realizar todos los trámites correspondientes a la defensa (El Universo, 2015d).

De su parte, la Fundación Andina para la Observación y Estudio de Medios, Fundamedios, señaló en su reporte sobre libertad de expresión en Ecuador, del año 2014 que "las constantes denuncias y sanciones a los medios han arrinconado aún más a la escasa prensa crítica ecuatoriana y las consecuencias de esta 'asfixia' ya son evidentes" (Fundamedios 2014).

En el informe asegura que entre julio y agosto de ese año, cuatro medios de comunicación tuvieron que cerrar: diario *Hoy*, diario *La Hora* en Manabí y El Oro, y diario *El Meridiano* de Guayaquil.

La Hora de Manabí dejó de imprimirse tras 16 años de difusión debido a "restricciones impuestas en la Ley de Comunicación y su Reglamento". También argumentó trabas a libertad de prensa, la censura y los pocos anunciantes. De su lado, los directivos de diario *Hoy*, liquidado de manera forzosa tras 32 años de vida, denunciaron que una de las causas para su debilitamiento como empresa fue la presión a la que fue sometida la empresa a causa de la LOC (Fundamedios, 2014).

El director de Fundamedios, César Ricaurte, indicó que cuando se debatía la LOC en la Asamblea Nacional, la relatoría de la Comisión Interamericana de Derechos Humanos de la OEA dijo que al momento de sancionar no se puede tratar a un medio pequeño o local, de la misma manera que a uno grande o nacional. Porque una misma sanción económica puede significar para una pequeña empresa su quiebra inmediata.

Por su parte, los canales de televisión tuvieron que invertir mucho dinero en producción nacional, para cumplir con el artículo 97 de la LOC que exige a los medios audiovisuales que un 60% de lo que difunden sea producción propia.

A esto se suma la recesión económica que también los ha golpeado, por lo que muchos recortaron su plantilla de empleados, para poder ahorrar dinero.

La Ley Orgánica de Comunicación también promueve que los medios sean más inclusivos e integradores, para ello los obliga -en su artículo 36- a que destinen el 5% de su programación diaria a transmitir contenidos pluriculturales y multiétnicos.

Ante esto aparecieron fenómenos como el programa *PluriTV*, de producción independiente, que fue comprado por varios canales ecuatorianos, para cumplir no solo con la cuota de contenido pluricultural sino con el cupo de producción nacional independiente que también la ley, en su artículo 97, obliga a los medios a adquirir (el 10% de la producción nacional debe ser independiente).

La ley también fue favorable para los trabajadores de la industria cinematográfica. El artículo 102 establece que los canales de televisión deben difundir cada año -con carácter de estreno- al menos dos películas de producción ecuatoriana. Para adquirir los derechos de esas películas nacionales, los canales deberán destinar mínimo el 2% de sus ingresos por publicidad y —en el caso de tener cobertura en un área donde vivan más de 500.000 personas, deberán destinar el 5% de sus ingresos por publicidad.

Además, se exige a los medios a pagar a los productores de cine locales un precio justo por sus películas. Sin duda, un gran apoyo para el cine ecuatoriano, que siempre estuvo rezagado.

De esta manera espero haber respondido la pregunta planteada en el título de este capítulo. ¿Era necesaria una Ley de Comunicación? Mi respuesta es sí. ¿Y la suya?

Sobre la segunda interrogante ¿Era la LOC de 2013 una ley mordaza?, mi conclusión es que era un buen instrumento legal, que necesitaba ser perfeccionado, sin duda alguna, y que algunas veces fue utilizado mal; pero en sí era útil y necesario para frenar el abuso del aparato mediático de los poderes económicos. ¿Cuál es su conclusión?[2]

---

[2] Pueden responder a la autora al correo electrónico ingrid.estrellat@ug.edu.ec

CAPÍTULO II

CONTEXTO HISTÓRICO

El regreso del Ecuador a la democracia, en el año 1978, tras vivir un período de dictaduras militares y golpes de Estado que duró cerca de dos décadas, coincidió con el auge de las llamadas "televisoras", canales de televisión, que en territorio ecuatoriano eran muy pocos, por lo que habían logrado captar la audiencia nacional y conquistar el corazón de los ecuatorianos. El periodismo informativo y el de opinión comenzaron a ganar un espacio amplio en la teleaudiencia y ante la ciudadanía estaban adquiriendo un alto nivel de credibilidad.

Periodistas de gran trayectoria se estaban convirtiendo en referentes de los televidentes. Sus criterios y análisis eran muy respetados y aceptados como verdad absoluta por la mayoría de la población.

Siendo así el panorama, los dueños de los medios de comunicación comenzaron a jugar un papel muy importante en la política nacional, tomando partido a favor o en contra de alguna ideología o candidato presidencial. Aún más, debido a que la ley de medios vigente en ese tiempo (Ley de Radiodifusión y Televisión de 1975) permitía que los dueños de los medios tengan otros negocios adicionales, el poder económico-mediático comenzó a crecer, hasta el punto de llegarse a convertir en uno de los "poderes fácticos" que empezó a tener gran influencia sobre las decisiones trascendentales de los gobiernos de turno y hasta, según ciertos analistas, contribuyeron con la consumación de varios golpes de Estado (Córdova del Alcázar, 2003).

> En Ecuador ello no es nuevo, baste recordar la incidencia de los media en la sindicación, juicio y salida del vicepresidente Alberto Dahik, en 1995. Desde entonces, su protagonismo político se ha robustecido, diversificando sus funciones y sentidos, al grado en que durante la coyuntura de Bucaram los medios se convirtieron en coprotagonistas del proceso con sus propios intereses. Cuando Mahuad, los medios ocultaron la información respecto al asalto del milenio. Y si dijeron algo no lo denunciaron con la suficiente fuerza (Córdova del Alcázar, 2003).

De esta manera, los defensores de esta ley aseguran que -en esa época- a los programas de opinión se invitaba frecuentemente a quienes hayan aprobado el filtro de los directivos de los medios, invitados que –obviamente– debían estar en la misma línea ideológica.

También aseguran que cuando el personaje era opuesto a los intereses del canal, era sometido a una serie de críticas y acusaciones, del que pocas veces podía salir airoso.

A esto hay que sumar que los noticiarios comenzaron a plagarse de las noticias de crónica roja, donde cada vez era más común encontrar imágenes crudas, impactantes y con un alto grado de morbo, todo con el fin de ganar más audiencia.

En el área de la producción televisiva se pusieron en boga los cortometrajes nacionales, miniseries, comedias y telenovelas, producidas en Ecuador y con la participación de actores nacionales y extranjeros. También surgieron los programas concursos y los canales comenzaron a comprar enlatados, sobre todo telenovelas venezolanas y brasileñas.

Ya a inicios del siglo XXI, surgieron comedias nacionales que lograron ubicarse en el *top* de todos los ratings, sin embargo, el rápido ascenso de esos programas provocó en sus realizadores una voracidad por más fama, que hizo que los libretos de las comedias vayan incorporando entre sus líneas diálogos polémicos donde –según los críticos- se hacía mofa de personas con discapacidad, chistes racistas o donde se visualizaba una apología del machismo. Así lo explica Dayana León Franco (2008), en su tesis de maestría en Ciencias Sociales de la Flacso denominada "Imaginarios de género en Mi Recinto; programa de la televisión ecuatoriana". Ella hace un análisis de esta comedia de gran éxito a nivel nacional, que parodia la vida de los campesinos de la costa o "montubios", como se los conoce en Ecuador. Allí explica que varios personajes son objeto de burla, por su color de piel.

> Tulio es buen bailador y oriundo de la provincia ecuatoriana de Esmeraldas. Vive en un árbol del recinto y siempre está sujeto, por ser de raza negra, a las burlas de Garañón y de otros compadres del recinto; quienes no pierden la oportunidad de asociarlo con ladrón y por el supuesto mal olor en las axilas (León, 2008, p. 34).

Todo esto propició que un sector de la ciudadanía pidiera la derogación de la ley de medios que regía en ese momento y que había sido creada por el último dictador que tuvo el país, el general Guillermo Rodríguez Lara. Este pedido lo abanderó el expresidente Rafael Correa quien -como fiel representante del Socialismo del siglo XXI- cuando llegó al poder (2007) con la llamada Revolución Ciudadana, impulsó la creación de una nueva ley de comunicación, que pese a la enconada oposición, vio la luz en el Registro Oficial, el 25 de junio del 2013.

No obstante, los medios privados -agrupados en la Unión Nacional de Periodistas de Ecuador y apoyados por la ONG nacional Fundamedios, así como por organismos internacionales como la Sociedad Interamericana de Prensa o el Comité para la Protección de los Periodistas, CPJ, con sede en Nueva York- dicen que la LOC era un instrumento de censura. Todo lo contrario a lo que indicaban -durante el mandato de Correa- los medios públicos y los organismos del sistema de comunicación del país, que aseguraban que la LOC propició el desarrollo educativo, cultural y social de los ecuatorianos, sobre todo, de los sectores vulnerables y los pueblos históricamente excluidos, como los grupos indígenas, montubios y afrodescendientes.

Las quejas de los primeros eran tanto de fondo, como de forma.

De fondo, porque el contenido comunicacional e informativo estaba limitado por artículos de la LOC, que presentaban figuras legales nuevas como "el linchamiento mediático", que -según sus detractores- impedía a los medios transmitir varias veces una noticia de un hecho judicial o darle seguimiento en los días posteriores.

Otra figura muy polémica era la denominada "censura previa", que muchos la compararon como una "espada de Damocles" que pendía sobre las empresas mediáticas. Esto, porque algunos interpretaban que la LOC obligaba —en cierta medida- a los medios a dar cobertura a todos los eventos de "interés público", una figura que muchos consideran muy subjetiva y con un concepto muy abierto, que siempre será relativo, no absoluto. Precisamente este artículo dio pie a que varias instituciones públicas y civiles demanden a algunos medios ante la Supercom, indicando que no cubrieron ni informaron sus actividades de "relevancia" (Massuh, 2015) (BBC Mundo, 2017).

Decimos "de forma", porque la LOC puso límites al contenido audiovisual de los informativos y de todo los productos de los canales de televisión. No permitía emitir imágenes de violencia en horarios de clasificación "A" (apto para todo público). De igual manera, restringió la difusión de imágenes donde se exponían a los menores de edad en situación vulnerable, como niños que habían sido abusados sexualmente o adolescentes que cometieron un hecho criminal. Imágenes de armas y de accidentes sangrientos, o de cadáveres, ya no podían ser exhibidos en los medios de comunicación, en ciertos horarios. Esas tomas eran editadas y cortadas, muchas veces de manera brusca, lo que cortaba la secuencia lógica de la narración.

En la otra cara de la moneda está la defensa de los que están a favor de la LOC de 2013. Se basan sobre todo en decir que esta ley puso un freno al monopolio de los medios privados, que utilizaron su poder mediático para manipular la opinión pública, conforme a sus intereses. Ponen como muestra el caso de una de las familias más poderosas del Ecuador, que era dueña de Filanbanco, uno de los bancos más importante del país. Se trata de los Isaías, quienes durante muchos años tuvieron en su poder alrededor del 80 por ciento de los medios más influyentes del Ecuador. Los Isaías también fueron protagonistas del peor descalabro financiero que sufrió Ecuador a fines del siglo XX, el tristemente recordado "feriado bancario". Actualmente son prófugos de la justicia ecuatoriana.

De igual manera, los defensores de la LOC destacan que esta propició el auge de la producción nacional, obligando a los medios a que realizasen producciones donde estuviera involucrado directamente personal humano de nacionalidad ecuatoriana o radicado legalmente en el país.

Asimismo, alaban el artículo 36 (levemente modificado por la reforma) que obliga a los medios a transmitir - al menos el 5% de su programación total- producciones con contenido en lenguas indígenas, con el fin de promover la diversidad y la interculturalidad (Gallegos, 2014).

2.1. La ley antecesora de la LOC

La Ley Orgánica de Comunicación del Ecuador, aprobada en el mes de junio de 2013, tuvo su antecesora. Fue la Ley de Radiodifusión y Televisión, promulgada en el año 1975, justo cuando el país vivía su última dictadura militar, liderada por el general Guillermo Rodríguez Lara (apodado "Bombita") y en medio de lo que fue en esa época el denominado "boom petrolero" en el Ecuador. Dicha reglamentación era —sobre todo- una normativa para la concesión de frecuencias del espectro radioeléctrico y dejaba en último plano el tema de la comunicación como un derecho inalienable de los pueblos y comunidades. De sus 74 artículos, tan solo unos pocos se refieren a la calidad de la información y de los contenidos comunicacionales, como algunos de los que se hallan en el Título IV, que abarca la programación.

> Art. 39.- Toda estación radiodifusora y televisora goza de libertad para realizar sus programas y, en general, para el desenvolvimiento de sus actividades comerciales y profesionales, sin otras limitaciones que las establecidas en la Ley.

> Art. 41.- Los concesionarios y representantes legales de las estaciones, son responsables por las expresiones, actos o programas que atenten contra la seguridad nacional interna o externa, los intereses particulares, el orden público, la moral y buenas costumbres, de acuerdo con la Ley, así como las disposiciones permanentes o temporales que dicten las autoridades nacionales o locales pertinentes.

También eran pocos los artículos que hablaban sobre el fomento a la cultura ecuatoriana, la ética en la comunicación y la producción nacional.

> Art. 44.- En cada capital de provincia, el respectivo núcleo de la Casa de la Cultura Ecuatoriana se encargará de la calificación y supervisión, con fuerza obligatoria, de la calidad artística, cultural y moral de los actos o programas de las estaciones de radiodifusión y televisión en los siguientes aspectos:

> a. Uso apropiado y correcto del lenguaje;

> b. Influencias nocivas que pudieran tener en la formación cultural o moral del pueblo;

> c. Contribución a elevar el nivel cultural del pueblo y a conservar las costumbres del país y sus tradiciones, así como a exaltar los valores de la nacionalidad ecuatoriana; y,

> d. Cualquier otro aspecto que se relacione con el objetivo de mejorar y fortalecer la cultura nacional.

> Art. 46.- La radiodifusión y televisión propenderán al fomento y desarrollo de los valores culturales de la nación y procurarán la información de una conciencia cívica de acuerdo con los objetivos permanentes del país, tanto en lo nacional como en lo internacional.

> Con estos fines deberán contemplar la realización de programas o actos regulares, y en la programación musical, incluir la difusión de música nacional, en una proporción del 25% de dicha programación y del 5% de música clásica como mínimo.

> Toda radiodifusora o televisora deberá comunicar al Instituto Ecuatoriano de Telecomunicaciones, la forma y horario de cumplimiento de estas obligaciones. La estación que las incumpliere será sancionada conforme a esta Ley.

De igual manera, esa normativa no contemplaba un marco legal para el desempeño comunicacional de los medios, tan solo en el artículo 42 señalaba sanciones en caso de incumplimiento del artículo que le antecedía (el 41).

Esta ley se modificó por primera vez en 1992, pero su reforma más profunda se realizó en el año 1995, durante el Gobierno del arquitecto Sixto Durán Ballén (publicada en el Registro Oficial el 9 de mayo de 1995). En esa versión se incluyeron artículos importantes que abarcaban temas como la responsabilidad de los medios por los contenidos transmitidos.

REFORMA:

Art. 18.- El artículo 41, dirá:

La responsabilidad por los actos o programas o las expresiones vertidas por o a través de las estaciones de radiodifusión y/o televisión tipificados como infracciones penales, será juzgada por un juez de lo penal previa acusación particular, con sujeción al Título VI, Sección Segunda, Parágrafo Primero del Código de Procedimiento Penal Común.

Ni la concesión en sí, ni el funcionamiento de la estación serán afectados por las penas que los jueces o tribunales impongan a las personas responsables.

Las demás infracciones de carácter técnico o administrativo en que incurran los concesionarios o las estaciones, serán sancionadas y juzgadas de conformidad con esta Ley y los reglamentos".

Hubo otra reforma el 7 de noviembre de 2002, durante el Gobierno de Gustavo Noboa. Fue propiciada por la Coordinadora de Radio Popular Educativa del Ecuador (Corape), que desde el año 1996 venía exigiendo el respeto al derecho de crear radios comunitarias, algo que no contemplaba hasta ese entonces la ley.

"no se reconocía la concesión de frecuencias para radios comunitarias de propiedad de diversos actores sociales, y que solo permitía, la concesión para estaciones de radiodifusión de "servicio comunal" otorgadas a las comunas legalmente constituidas previo informe favorable del Comando Conjunto de las Fuerzas Armadas" (Corape, 2008, p. 9).

La reforma dio pie a la aparición de la figura de las estaciones de servicio público, dentro de las cuales estaban las estaciones comunitarias. Esta modificación permitiría –de allí en adelante- que las emisoras comunitarias tengan los mismos derechos y oportunidades que las estaciones comerciales.

La ley de radiodifusión y comunicación estuvo en vigencia hasta el 18 de febrero del año 2015, cuando fue publicada en el Registro Oficial la nueva Ley Orgánica de Telecomunicaciones (El Prado, 2015).

CAPÍTULO III

CAMBIOS EN LA TELEVISIÓN ECUATORIANA

Para efectos de esta investigación se utilizó el modelo sociosemiótico desarrollado por el comunicólogo Miquel Rodrigo Alsina, una herramienta eficaz para tratar de explicar y comprender en qué marco y bajo qué circunstancias la Ley Orgánica de Comunicación fue implementada en el Ecuador.

Alsina entiende el proceso de comunicación como un evento desarrollado en tres fases: producción, circulación y consumo.

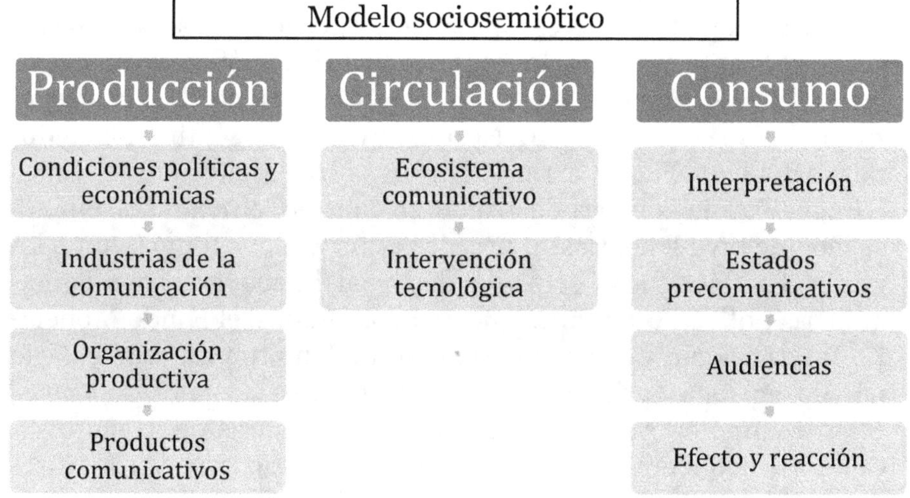

3.1. La producción

Dentro de la etapa de producción, Alsina incluye varias categorías analíticas, a la luz de las cuales se puede aclarar el contexto en el que nace y se desarrolla en Ecuador la LOC.

Para nuestro análisis, y tomando como base las categorías de Alsina, vamos a revisar cómo fueron los inicios de la LOC.

3.1.1. Condiciones políticas y económicas en las que nació y se desenvolvió la LOC

Como lo hemos analizado al inicio de esta investigación, la Ley Orgánica de Comunicación nació en el pensamiento socialista del expresidente Rafael Correa Delgado, cuyo gobierno fue denominado la "Revolución Ciudadana", porque significó un largo período (10 años) de profundos cambios tanto políticos como administrativos. Las convicciones izquierdistas de Correa lo llevaron a transformar al Ecuador en todos los ámbitos, desde el aparato burocrático, hasta la distribución de la riqueza y la inversión en el sector social, por mencionar algunas de las cosas más importantes.

Correa ganó su primera elección a fines del año 2006 y en enero de 2007 asumió la Presidencia de la República, enarbolando la bandera del Socialismo del Siglo XXI, una ideología política y económica que compartía con otros líderes latinoamericanos. Correa se sumaba así al sorprendente movimiento izquierdista de la región, cuyo mapa político estaba compuesto en ese entonces, por Hugo Chávez (Venezuela), Lula Da Silva (Brasil), Néstor Kirchner (Argentina), Evo Morales (Bolivia), Fidel Castro (Cuba) y poco después, José Mujica (Uruguay). Fue la época de oro del socialismo latinoamericano, un sueño que tuvo Fidel Castro décadas atrás y que le tomó tiempo lograrlo. También fue la etapa del declive del neoliberalismo, la maquinaria política-económica que Estados Unidos, el Fondo Monetario Internacional y el Banco Mundial implantaron durante el siglo pasado en toda Latinoamérica, muchas veces a punta de armas, como cuando apoyaron las sangrientas dictaduras de Argentina y Chile. El neoliberalismo tuvo como laboratorio especial a países como Argentina y México, donde sus resultados no solo fueron desalentadores sino devastadores. Por ejemplo, en el país centroamericano, "después de 21 años ininterrumpidos de hegemonía absoluta de dicha orientación, el ingreso per cápita de los mexicanos aumentó en todo ese período tan solo el 0,3% y esto gracias a que en ese mismo lapso (1982-2003) abandonaron el país algo más de 10 millones de personas" (Borón, 2004, p. 2).

Parte de esta ideología "neosocialista" fue la regulación de los medios de comunicación, con el fin de impedir que estos siguieran siendo utilizados por los poderes económicos, para adoctrinar a las poblaciones con la filosofía del consumo e inocularles la idea de que todo lo que provenía del Estado era de mala calidad y de que este no tenía la capacidad para administrar nada.

Por esta razón, los gobiernos de izquierda latinoamericanos comenzaron a implementar normativas para enmarcar el trabajo de la prensa tradicional, dentro de parámetros que muchos consideraron excesivos y censuradores. Ecuador fue uno de ellos. Desde el inicio de su gobierno, el expresidente Rafael Correa intentó que se aprobara una ley que rompiera con los monopolios mediáticos y promoviera la equidad en la distribución de las frecuencias, entre otros objetivos. Pero no fue fácil. El primer obstáculo que tuvo que vencer Correa fue la mayoría de un Congreso que se oponía a todo lo que él trataba de implementar. Por ello, convocó a la conformación de una Asamblea Constituyente que elaborara una nueva Constitución, donde se incluyera el derecho de los ecuatorianos a tener información de calidad y se concibiera a la comunicación como un bien público, que debía ser resguardado por el Estado Ecuatoriano. La Asamblea Constituyente también disolvió el Congreso y ratificó en sus funciones a Rafael Correa. La actuación de la Constituyente fue aprobada por los ecuatorianos en un referéndum histórico (63.93% a favor, 28.10% en contra) que se celebró el 28 de septiembre de 2008. De esta manera quedó allanado el camino para el nacimiento de una nueva regulación para los medios de comunicación del Ecuador (Público, 2007).

3.1.1.1. Proceso del nacimiento de la Ley Orgánica de Comunicación

Tras la aprobación de la nueva Constitución de la República era imperante la creación de una nueva ley que regulara los derechos a la comunicación, libertad de expresión, libertad de prensa y concesión de frecuencias, proclamados en el capítulo 2, de la flamante Carta Magna; aún más, la Primera Disposición Transitoria de la Constitución exigía que en un plazo de 360 días se emitiera el nuevo marco jurídico, que organizara un sistema nacional de comunicación que regule a los medios ecuatorianos.

A raíz de ese momento, el oficialismo comenzó a trabajar en esa tarea. La Asamblea Nacional, en septiembre del año 2009, creó una comisión ocasional para analizar tres propuestas presentadas en el seno del poder legislativo. La comisión estuvo conformada por once asambleístas, seis de la bancada de gobierno (partido Alianza PAIS) y cinco de la oposición. Ellos eran Mauro Andino, Betty Carrillo, Humberto Alvarado, Rolando Panchana, Angel Vilema y María Augusta Calle (PAIS); Jimmy Pinoargote (Acuerdo por la Descentralización y la Equidad); Cinthya Viteri (Madera de Guerrero-Partido Social Cristiano); Lourdes Tibán (Movimiento Popular Democrático-Pachakutik); Fausto Cobo (Partido Sociedad Patriótica); y, César Montúfar (Movimiento Concertación) (El Universo, 2009b).

Dos de los tres proyectos de ley presentados fueron desarrollados por críticos del gobierno de la Revolución Ciudadana (como se conocía al mandato del presidente Rafael Correa). Ellos son César Montufar (primera propuesta); Lourdes Tibán y Cléver Jiménez (segunda propuesta). La tercera proposición estuvo liderada por el periodista Rolando Panchana, muy conocido por los ecuatorianos por haber formado parte de importantes medios nacionales y de programas de investigación e informativos. En ese momento Panchana era legislador del oficialismo y parte fundamental en el engranaje gubernamental para darle vida a la nueva reglamentación de medios, tanto así que la Ley Orgánica de Comunicación fue conocida durante algún tiempo como "panchanazo".

Los primeros debates fueron intensos, sobre todo porque los asambleístas opositores que integraban la comisión acusaban a los oficialistas de querer implantar una ley represiva, que se encargara de silenciar a la prensa.

Los medios privados también contribuyeron a la polémica calificando a la futura reglamentación como "ley de medios", algo que los legisladores del régimen se negaban rotundamente a aceptar. La asambleísta Betty Carrillo, quien fungió de presidenta de esa comisión, lo dejó muy claro en una carta que envió a Diario El Universo:

La discusión continuó y giró alrededor de nueve ejes, que condensaban el espíritu constitucional de los derechos a la comunicación, libertad de expresión y de prensa, en un contexto de trato igualitario e inclusivo.

Los nueves ejes fueron:

1. Constitución e instrumentos internacionales, que señalen las garantías de las personas.
2. Considerar la comunicación como un derecho humano y el espacio radioeléctrico como bien público.
3. El alcance de la Ley hacia las relaciones de personas, comunidades y pueblos en medios públicos, privados y comunitarios.
4. Plurinacionalidad e interculturalidad como ejes transversales de la Ley.
5. No regular la parte técnica del espacio radioeléctrico.
6. La existencia de un órgano que garantice y regule sin afectar la libertad de expresión.
7. Regulación de contenidos y responsabilidad ulterior.
8. El Estado definirá las políticas públicas de comunicación.
9. La profesionalización de los periodistas como garantía de calidad de la información (Asamblea Nacional, 2009b).

De todas partes del país y del mundo, llegaron a las manos de los integrantes de la comisión ocasional de la comunicación decenas de documentos, como proyectos, recomendaciones y peticiones que fueron analizados por ese grupo de asambleístas.

Según el primer informe emitido por la comisión (21 noviembre 2009), luego del debate y del análisis de las sugerencias recabadas, así como de la evaluación de los tres proyectos presentados por los asambleístas, se pudieron distinguir algunas variables en las que todos coincidían. Estas fueron:

- Respetar el mandato constitucional y los instrumentos internacionales;
- Incluir regulaciones para fomentar la producción nacional cinematográfica;
- Garantizar espacios para la difusión de artistas nacionales;
- Definir garantías para el ejercicio profesional;
- Garantizar que la ley tome en cuenta el interés superior de los niños, niñas y adolescentes, proteger el respeto a sus derechos y su dignidad;
- Asegurar el libre ejercicio de la libertad de expresión;
- Definir mecanismos claros para el control de contenidos a fin de conseguir que los medios de comunicación no violenten los derechos de las personas (Asamblea Nacional, 2009b).

En el anexo número 4 de este informe, que fue llevado a la Asamblea Nacional para un primer debate, la comisión presentó un cuadro de las diferencias y similitudes que se encontraron al comparar los tres proyectos de ley propuestos por los asambleístas.

El cuadro muestra que los legisladores Panchana, Tibán y Montúfar coincidían en promulgar en el cuerpo legal principios como la interculturalidad; el respeto a los derechos del ejercicio periodístico y a la comunicación; garantizar la cláusula de conciencia, el secreto profesional y reserva de la fuente; además los tres proyectos coincidían en la prevalencia de contenidos educativos y culturales, conforme al artículo 19 de la Constitución. Las diferencias radicaban -sobre todo- en las posiciones respecto a la conformación de los organismos que iban a ser parte del sistema de comunicación y las personas que tendrían que integrarlos, es decir sus miembros. Los asambleístas de la oposición insistían en que los integrantes del órgano regulador de la ley debían ser representantes de los medios de comunicación, periodistas, asociaciones civiles, docentes universitarios, etc. Por su parte, la propuesta oficialista pedía que, además de los antes mencionados, hubiera un representante del presidente de la República y del Ministerio de Educación. Hubo también diferencias en los artículos que correspondían a la profesionalización de los trabajadores de los medios. El oficialismo defendía esa posición, mientras que la asambleísta Tibán no lo veía como un requisito indispensable (Asamblea Nacional, 2009a).

El proyecto de ley fue sometido a un primer debate del pleno de la Asamblea Nacional, durante los días 22 de diciembre de 2009 y 5 de enero de 2010.

El segundo debate fue el más intenso y prolongado. Se realizó durante los días 16, 22 y 24 de noviembre de 2011; 11 de abril de 2012; y el 14 de junio de 2013. Ese último día, luego de una hora y quince minutos de discusión, fue aprobada la Ley Orgánica de Comunicación. Fueron 108, de 137 asambleístas, los que votaron a favor del proyecto que en su mayoría contenía los preceptos y presupuestos promovidos por la bancada del partido de gobierno, Alianza País. Sin embargo, en ese último día se introdujeron cambios que no fueron debatidos por los asambleístas. Estas modificaciones abarcaban los artículos 23 numeral 4 sobre el derecho a la rectificación y el artículo 44 sobre los derechos laborales.

3.1.1.2. Lo más destacado de la LOC

De esta manera, nacía la *LOC* con 119 artículos, 22 disposiciones transitorias, 6 reformatorias y 2 derogatorias. Entre lo más destacado de esta normativa estaba la prohibición de la concentración de frecuencias de radio y televisión.

"Nunca más al monopolio, a la concentración de los medios de comunicación en pocas manos", señaló Mauro Andino, asambleísta de Alianza País, miembro de la Comisión ocasional y ponente defensor del proyecto definitivo, quien afirmó que la ley pretende una distribución "equitativa" del espectro radioeléctrico (**El Telégrafo**, 2013).

La LOC buscaba así promover la democratización de la comunicación, frenar el contrabando de la concesión de frecuencias y retirar las que fueron ilegalmente conseguidas. Luego daría paso a la redistribución de las mismas, para cumplir con lo establecido en su artículo 106: un 34% de las frecuencias debían ser asignadas a medios comunitarios, 33% a medios públicos y 33% a medios privados.

Con esto se daba un fuerte impulso a los medios comunitarios, de vital importancia para preservar las costumbres y cultura de las decenas de nacionalidades y pueblos indígenas que hay en nuestro país, además de las numerosas etnias que lo habitan (Cóndor, 2005).

Otro punto digno de destacar y que en las leyes anteriores nunca se profundizó fue el código deontológico (artículo 10) en el que debían desarrollar sus labores los medios y sus periodistas. Estas normas contemplaban principios referidos a la dignidad humana; relacionados con los grupos de acción prioritaria; concernientes al ejercicio profesional; y relacionados con las prácticas de los medios de comunicación social.

También la normativa incluía criterios de responsabilidad ulterior, es decir, los medios serían responsables de las publicaciones o transmisiones que realizasen tanto a título empresarial como a título de sus empleados (periodistas, animadores, comentaristas, etc.). Además, establecía los derechos de las audiencias a la rectificación y a la réplica (en caso de sentirse ofendidos por las publicaciones de los medios) y prohibía la censura previa (es decir cuando los *mass media*, voluntariamente, omiten publicar información de relevancia pública)[3]. Introducía el "linchamiento mediático", definido como una estrategia mediática para -a través de piezas informativas- desprestigiar o reducir la credibilidad pública de personas físicas o jurídicas[4].

De igual manera, la LOC le daba un fuerte impulso a la producción nacional y a la producción independiente, así como a la profesionalización y el pago justo de los trabajadores de la comunicación.

Además garantizaba a los periodistas el derecho a la cláusula de conciencia, al secreto profesional, reserva de la fuente, protección en caso de amenaza; y, a ser provistos de recursos y logística para el ejercicio de su función[5].

---

[3] Estos tres criterios (responsabilidad ulterior, rectificación y réplica) no fueron retirados en la reforma, pero sí sufrieron importantes cambios.

[4] El proceso de reforma eliminó el "linchamiento mediático".

[5] Los artículos correspondientes a la producción nacional tuvieron modificaciones, pero permanecen en la LOC. Los derechos de los periodistas no fueron tocados.

Esto es, en resumen lo más destacable de una ley, polémica sin duda, pero que llegó para organizar el desorden mediático que había en el país.

3.1.1.3. Conformado, por primera vez, el sistema de regulación y control de la comunicación en el país

La LOC también creó -por primera vez- un sistema de comunicación integrado por tres organismos. El primero fue Cordicom (Consejo de Regulación y Desarrollo de la Información y la Comunicación) encargado de "diseñar e implementar normativas y mecanismos para desarrollar, proteger y regular los derechos de la comunicación e información de conformidad con la Constitución, la Ley Orgánica de Comunicación y demás normas afines" (Cordicom, 2016).

El segundo ente era la Superintendencia de Información y Comunicación (Supercom) órgano que se encargaba de la vigilancia, auditoría, intervención y control de los medios. Además, Supercom tenía la capacidad de sancionar a las empresas mediáticas, luego de un proceso que se iniciaba con una denuncia particular o de oficio [6].

El último organismo era el Consejo Consultivo, una especie de ente asesor que ayudaba a Cordicom "en los procesos de formulación de políticas públicas en materia de comunicación e información", siempre que este lo requería (Asamblea Nacional, 2013a).

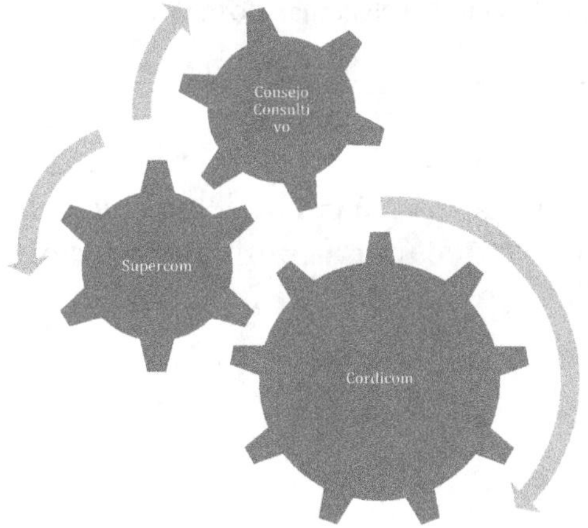

---

[6] Supercom quedó eliminada en la reforma de la LOC.

3.1.1.4. Impulso a la producción nacional y a la producción independiente

Como ya se ha dicho, la aprobación de la LOC también significó la reivindicación de la producción nacional y la producción nacional independiente, tanto musical como audiovisual (inclusive la cinematográfica), que en el Ecuador no había logrado despuntar (salvo destacadas excepciones) debido al incipiente apoyo gubernamental y privado con el que contaban los productores. La sección seis de este cuerpo legal estaba dedicada solo a este tema. Sus artículos más destacados eran:

> Art. 97.- Espacio para la producción audiovisual nacional.- Los medios de comunicación audiovisual, cuya señal es de origen nacional, destinarán de manera progresiva, al menos el 60% de su programación diaria en el horario apto para todo público, a la difusión de contenidos de producción nacional. Este contenido de origen nacional deberá incluir al menos un 10% de producción nacional independiente, calculado en función de la programación total diaria del medio.
>
> La difusión de contenidos de producción nacional que no puedan ser transmitidos en horario apto para todo público será imputable a la cuota de pantalla que deben cumplir los medios de comunicación audiovisual. Para el cómputo del porcentaje destinado a la producción nacional y nacional independiente se exceptuará el tiempo dedicado a publicidad o servicios de televenta. La cuota de pantalla para la producción nacional independiente se cumplirá con obras de productores acreditados por la autoridad encargada del fomento del cine y de la producción audiovisual nacional (Asamblea Nacional, 2013a) [7].

El artículo anterior obligó a los canales de televisión a invertir dinero en la producción de programas propios. La mayoría eligió desarrollar comedias, programas de entretenimiento y revista matinales. En cambio, para cumplir con la cuota de producción nacional independiente tuvieron que recurrir a comprar programas creados por productoras privadas o películas dirigidas por cineastas ecuatorianos poco conocidos.

---

[7] El artículo 97 sufrió una leve modificación en la reforma.

Art. 98.- Producción de publicidad nacional.- La publicidad que se difunda en territorio ecuatoriano a través de los medios de comunicación deberá ser producida por personas naturales o jurídicas ecuatorianas, cuya titularidad de la mayoría del paquete accionario corresponda a personas ecuatorianas o extranjeros radicados legalmente en el Ecuador, y cuya nómina para su realización y producción la constituyan al menos un 80% de personas de nacionalidad ecuatoriana o extranjeros legalmente radicados en el país. En este porcentaje de nómina se incluirán las contrataciones de servicios profesionales.

Se prohíbe la importación de piezas publicitarias producidas fuera del país por empresas extranjeras.

Para efectos de esta ley, se entiende por producción de publicidad a los comerciales de televisión y cine, cuñas para radio, fotografías para publicidad estática, o cualquier otra pieza audiovisual utilizada para fines publicitarios.

No podrá difundirse la publicidad que no cumpla con estas disposiciones, y se sancionará a la persona natural o jurídica que ordena el pautaje con una multa equivalente al 50% de lo que hubiese recaudado por el pautaje de dicha publicidad. En caso de la publicidad estática se multará a la empresa que difunde la publicidad.

Se exceptúa de lo establecido en este artículo a la publicidad de campañas internacionales destinadas a promover el respeto y ejercicio de los derechos humanos, la paz, la solidaridad y el desarrollo humano integral[8].

Este artículo fue muy importante "sobre todo" para los productores audiovisuales locales, quienes vieron un incremento importante en sus ingresos, toda vez que eran requeridos para elaborar las piezas publicitarias. En una entrevista para diario *El* Comercio, Daniel Andrade, representante de la Asociación Ecuatoriana de Técnicos Cinematográficos, señaló que la aplicación del artículo 98 impulsó el desarrollo y crecimiento de este sector productivo. "Hay un estimado de que en los últimos cinco años, la mitad de las empresas más grandes que producen publicidad en el Ecuador han movido más de USD 100 millones. Un sector que antes de la vigencia de la ley no movía más de tres o cuatro millones" (El Comercio, 2019).

---

[8] El artículo 98 también fue modificado, pese a las protestas de los productores nacionales, que aseguran que los cambios afectarán a esta industria.

Art. 102.- Fomento a la producción nacional y producción nacional independiente.- Los medios de televisión abierta y los sistemas de audio y video por suscripción que tengan dentro de su grilla de programación uno o más canales cuya señal se emite desde el territorio ecuatoriano, adquirirán anualmente los derechos y exhibirán al menos dos largometrajes de producción nacional independiente. Cuando la población residente o el número de suscriptores en el área de cobertura del medio de comunicación sea mayor a quinientos mil habitantes, los dos largometrajes se exhibirán en estreno televisivo y sus derechos de difusión deberán adquirirse con anterioridad a la iniciación del rodaje.

Para la adquisición de los derechos de difusión televisiva de la producción nacional independiente, los medios de comunicación de televisión abierta y los sistemas de audio y video por suscripción destinarán un valor no menor al 2% de los montos facturados y percibidos por el medio o sistema y que hubiesen declarado en el ejercicio fiscal del año anterior. Cuando la población residente en el área de cobertura del medio de comunicación sea mayor a quinientos mil habitantes, el valor que destinará el medio de comunicación no podrá ser inferior al 5% de los montos facturados y percibidos por el medio o sistema (Asamblea Nacional, 2013a).

Este artículo defendía los derechos de los productores independientes a cobrar lo justo por ceder sus derechos de difusión. Esto fue bien recibido por los pequeños productores audiovisuales independientes, quienes siempre se vieron marginados, discriminados y maltratados económicamente por los medios nacionales que raras veces les permitían usar su pantalla para difundir sus productos y/o les pagaban muy poco por ellos[9].

Art. 103.- Difusión de los contenidos musicales.- En los casos de las estaciones de radiodifusión sonora que emitan programas musicales, la música producida, compuesta o ejecutada en Ecuador deberá representar al menos el 50% de los contenidos musicales emitidos en todos sus horarios, con el pago de los derechos de autor conforme se establece en la ley. Están exentas de la obligación referida al 50% de los contenidos musicales, las estaciones de carácter temático o especializado (Asamblea Nacional, 2013a).

Este artículo significó un impulso muy grande para los músicos nacionales, quienes antes de la LOC tenían que pagar a las emisoras de radio para que en sus ondas pudieran ser escuchados sus repertorios musicales. La medida no fue bien recibida por las radios y en primera

---

instancia ponían la música nacional (por considerarla poco atractiva) durante la madrugada, cuando la mayor parte de las audiencias está dormida. Esto provocó que el Ejecutivo aprobara en 2017 una reforma donde obligaba a los medios a difundir música de artistas nacionales en horarios de alta recepción. Las emisoras radiales elevaron sus voces de protesta, pero al final tuvieron que acatar la normativa (El Comercio, 2017).

3.2. Las industrias de la comunicación televisiva

Antes del nacimiento de la LOC, las industrias de la información televisiva en el Ecuador estaban en manos de las familias más ricas del país. Era una época donde las frecuencias del espectro radioeléctrico se concedían a los que ostentaban el poder económico o político. Tal como he dicho en párrafos anteriores, la familia Isaías, dueña de bancos tanto en Ecuador como en el exterior, era el grupo que poseía la mayor cantidad de medios, el 80%, entre ellos los más influyentes como TC Televisión, Gama TV, TV Cable, radio Super K800, revista *La Otra*, diarios *La Razón* y *El Hincha*, etc.

Según el expresidente del Consejo de Regulación y Desarrollo de la Información y Comunicación (Cordicom), "hasta el 2007 no había ningún medio comunitario y apenas el 6,8% eran medios públicos". De allí, que el gobierno de Rafael Correa veía la necesidad de redistribuir equitativamente las frecuencias, algo que quedó plasmado en la LOC, donde se había establecido conceder un 34% del espectro para medios comunitarios y 33% para medios públicos y 33% para medios privados (Cordicom, 2013b).

La LOC también reafirmó el artículo 312 de la Constitución de 2008, que limitó las actividades económicas de los dueños de las empresas mediáticas, que antes podían tener otros negocios, de cualquier naturaleza[10].

---

[10] En la reforma también fueron modificados los artículos sobre la distribución de las frecuencias y las actividades económicas de los dueños de las empresas mediáticas.

De esta manera, los dueños de los medios de comunicación -que en su mayoría tenían otros negocios- tuvieron que elegir entre continuar al frente de sus empresas mediáticas y alejarse de otras instituciones ajenas a la actividad de la comunicación y hasta deshacerse de las acciones que tenían en ellas. Algunos lo hicieron así, como Mario Canessa, dueño del grupo mediático Caravana, quien renunció al cargo de presidente ejecutivo y representante legal del Banco de Machala, roles que desempeñó durante 35 años (El Universo, 2010).

Otros prefirieron quedarse con sus empresas financieras, como Fidel Egas, propietario del canal Teleamazonas, la editora de revistas Dinediciones y del Banco Pichincha. Egas vendió el canal y la editora en 2010, no obstante, en 2013, el Superintendente de Bancos de ese entonces lo demandó ante la Corte por "supuestamente" simular la venta de Teleamazonas. Tres años después, en primera instancia, un juez falló en contra de Egas y le dio 90 días para realizar la venta real. Los abogados de Egas apelaron.

En su aprobación inicial, la ley también contemplaba, en su artículo 6, que ninguna persona extranjera podía ser propietario o accionista de medios, exceptuando solamente a quienes vivían "de manera regular" en el Ecuador (Asamblea Nacional, 2013b).

También se incluyó una disposición transitoria (la número 18), donde se obligaba a los extranjeros a vender la totalidad de sus acciones:

1. Los accionistas, socios o propietarios extranjeros de los medios de comunicación social de carácter nacional, ya sean personas naturales o jurídicas que no residan legalmente en el territorio ecuatoriano tendrán que enajenar la totalidad de sus acciones, participaciones o equivalentes, a personas naturales o jurídicas que residan legalmente en el Ecuador.

2. Las compañías extranjeras que únicamente se encuentren domiciliadas en el Ecuador y a cuyo cargo esté la gestión de un medio de comunicación social de carácter nacional, deberán transferir el patrimonio del medio de comunicación a personas naturales o jurídicas ecuatorianas o personas naturales extranjeras que residan legalmente en el país, con la correspondiente autorización de la autoridad de telecomunicaciones cuando se trate de medios audiovisuales que sean concesionarios de una o más frecuencias de radio o televisión. El plazo para ajustarse a esta norma es de dos años contados a partir de la publicación de la presente ley en el Registro Oficial. En caso de que se incumpla con esta disposición transitoria, la autoridad competente aplicará las siguientes medidas, según el caso:

Las compañías ecuatorianas se encontrarán en causal de disolución de pleno derecho y seguirán el procedimiento establecido en el artículo 367 y siguientes de la Ley de Compañías.

El Estado Ecuatoriano procederá a cancelar el permiso de operación concedido a la compañía extranjera siguiendo el procedimiento contemplado en los artículos 406 al 410 de la Ley de Compañías. (Asamblea Nacional, 2013b)

Sin embargo, cuando el 20 de enero de 2014, Rafael Correa expidió el Reglamento a la Ley de Comunicación, el artículo 6 del mismo dispuso que esa prohibición no se aplicará para personas o empresas de países que hubieran suscrito acuerdos o convenios de cooperación comercial o de complementación económica con el Ecuador:

En virtud del orden jerárquico de aplicación de las normas establecido en el Art. 425 de la Constitución de la República, no se aplica la prohibición de ser propietarios de medios de comunicación social de carácter nacional a compañías y ciudadanos extranjeros, prevista en el Art. 6 de la Ley Orgánica de Comunicación, a personas naturales y jurídicas nacionales de los países que hayan suscrito acuerdos o convenios de cooperación comercial o de complementación económica que hayan sido ratificados por el Estado ecuatoriano, que sirvan como marco para la creación de proyectos e iniciativas para el desarrollo de la productividad y competitividad de las partes (Secretaría General Jurídica, 2014).

Esto convino especialmente al mexicano-estadounidense Remigio Ángel González, conocido como "El Fantasma", quien tiene un verdadero conglomerado mediático en el Ecuador, puesto que es dueño de 17 empresas, entre periódicos, radios y canales de televisión.

3.2.1. Medios de comunicación audiovisuales

De acuerdo con un último informe elaborado por el Consejo de Regulación y Desarrollo de la Información y Comunicación (Cordicom), en Ecuador hay un total de 61 medios de alcance nacional: 29 radios, 14 canales de televisión, 7 periódicos impresos y 11 redes (enlaces o grupos de radio o televisión)

En lo que respecta a los canales de televisión (21, entre empresas y grupos), el listado es el siguiente:

1. TC Televisión (canal privado, incautado por el Gobierno a la familia Isaías)
2. Gama TV (canal privado, incautado por el Gobierno a la familia Isaías)
3. Telerama (canal privado)
4. Asomavisión (canal comunitario)
5. Oromar (canal privado)
6. Tevemas (canal privado)
7. Tv Legislativa- Asamblea Nacional (canal público)
8. Zaracay TV
9. El Ciudadano TV
10. UCSG Televisión (Universidad Católica Santiago de Guayaquil)
11. Canela TV
12. Americavision S.A. (Canal Íntimas)
13. Tropical TV
14. Ecuador TV
15. Red TV Ecuador
16. Canal Uno
17. Teleamazonas
18. RTS
19. Ecuavisa
20. RTU
21. Televicentro

El más joven de los canales de alcance nacional es Televicentro. Su dueño es el magnate mexicano-estadounidense Remigio Ángel González, quien -como ya se expresó en líneas anteriores- tiene el nuevo monopolio mediático del país, puesto que posee 17 medios de comunicación: 5 estaciones de televisión, 10 radios y 2 periódicos impresos (Fundamedios, 2015).

Varios periodistas acusaron a las autoridades del gobierno correísta de brindarle privilegios al empresario mexicano, para que expanda su emporio mediático en el Ecuador, toda vez que su filosofía de hacer comunicación es no opinar, sino solamente ganar audiencia (rating) a través del entretenimiento, lo que no supone una amenaza para los gobernantes de turno (El Universo, 2015b).

González es uno de los empresarios mediáticos más poderosos de América. Tiene canales, periódicos y radios en México, Guatemala, El Salvador, Honduras, Nicaragua, Costa Rica, Panamá, Bolivia, Perú, Chile, Argentina y Uruguay. Sus negocios en Ecuador comenzaron hace 34 años, cuando compró Telecuatro (canal 4), ahora denominado RTS.

3.2.2. Los actores de la comunicación política ecuatoriana

Para Jürgen Habermas la esfera de lo público constituye la opinión de los actores de la sociedad. Son los ciudadanos quienes se reúnen en torno a algún suceso o situación y alzan una sola voz para emitir su opinión (Habermas, 1988).

En el campo de la comunicación social del Ecuador existen varias agrupaciones (civiles, sindicatos, comités, asociaciones, colegios, etc.) que son las que se pronuncian en los debates referentes a la libertad de expresión y de prensa en el país.

A continuación, hacemos un desglose de algunas de ellas:

- Colectivo Ciudadano por los Derechos de la Comunicación;
- Asociación Ecuatoriana de Radiodifusión - AER;
- Canales Comunitarios Regionales Ecuatorianos Asociados - Ccrea;
- Consejo Nacional de la Niñez y Adolescencia;
- Asociación de Empresas de Telecomunicaciones del Ecuador - Asetel;
- Fundación Ethos;
- Consejo Nacional de Cinematografía – Cncine (actualmente convertido en el Instituto de Cine y Creación Audiovisual);

- Unión Nacional de Periodistas;
- Sociedad de Autores y Compositores del Ecuador - Sayce;
- Asociación Ecuatoriana de Agencias de Publicidad;
- Círculo de Periodistas de la Provincia de Zamora;
- Radio Alegría de Ambato;
- Fundamedios (Fundación Andina para la Observación y Estudio de Medios)
- Asocitv (Asociación de Cine y Televisión)
- Coepce (Comité de emergencia profesional de comunicadores profesionales del Ecuador);
- Asociación de Periodistas Taurinos;
- Fundación Ecuatoriana de Salud Respiratoria;
- Asociación de Televidentes Organizados;
- Foro de la Comunicación;

De todos los organismos arriba mencionados, uno de los más activos y que tuvo durante el gobierno de Correa fuertes choques contra las autoridades del sistema de comunicación del Ecuador es Fundamedios. Como ellos mismos se definen, son un "grupo multidisciplinario" que no solo está conformado por periodistas, sino por ciudadanos de otras profesiones, "comprometidos con la defensa de la libertad de expresión y de prensa en el Ecuador, así también con la observación e investigación de los contenidos que se publican en los medios nacionales".

Desde su creación entre los años 2004 y 2005 (al principio se llamaron "La Redacción"), la organización tuvo como objetivo ser un espacio crítico y reflexivo donde se analizará la calidad periodística de los medios en el país y las amenazas que afectaren la libertad de expresión en el Ecuador.

Ya en el año 2006, luego de un importante período de mutación, "La Redacción" se convierte en la Fundación Andina para la Observación y Estudio de Medios (Fundamedios), que en un inicio estuvo conformada no solo por comunicadores, sino por profesionales de diversas ramas, con el fin de promover un periodismo independiente y analítico, que planteara líneas de acción, ya no solo en Ecuador, sino en América Latina, para defender la libertad de expresión.

El expresidente Rafael Correa acusó siempre a Fundamedios de colocarse detrás de una máscara de defensora de los derechos a la libertad de expresión, cuando realmente "defiende los intereses del lobby mediático del país". Además, el exmandatario aseguraba que esta organización recibía dinero de empresarios ecuatorianos y extranjeros quienes estaban interesados en desestabilizar la democracia del país (Fundamedios, 2017).

La confrontación intelectual y verbal entre Fundamedios y el gobierno estuvo siempre presente durante los 10 años que duró el mandato de Correa.

No obstante la presión gubernamental, Fundamedios se dedicó a realizar numerosas investigaciones, donde -por lo general- sacaba a la luz casos de corrupción o abuso de poder por parte de altos funcionarios gubernamentales. También, Fundamedios hizo una férrea defensa a favor de periodistas independientes o de medios privados, a quienes el Gobierno acusaba de conspirar contra la democracia.

Fundamedios también se preocupó por elaborar manuales de ética para realizar diferentes coberturas, así como análisis estadísticos con los que intentaba demostrar lo que siempre había dicho: que el Gobierno de Rafael Correa utilizaba la Ley de Comunicación como una máquina represora para callar a la oposición.

3.3. Organización productiva

Miquel Rodrigo Alsina indica que los tres elementos fundamentales de la producción periodística son: las fuentes, el trabajo periodístico y los destinatarios. Cada uno de esos elementos corresponde a una fase del proceso productivo. Las fuentes condicionan la primera fase, que es la del saber; con el trabajo periodístico tiene lugar la fase del hacer y, por fin, los destinatarios completan el proceso que finaliza con el hacer saber. (Rodrigo Alsina, 1995)

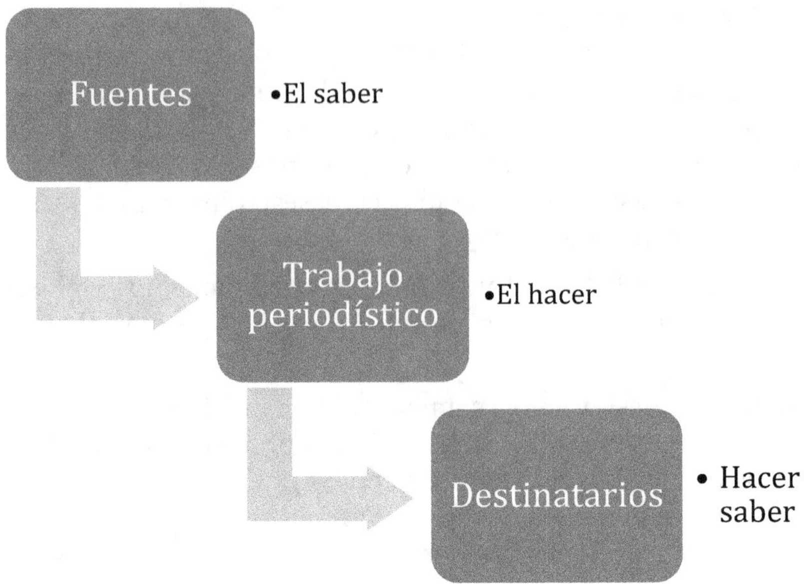

Tuchman (1983) destaca la preocupación por las rutinas de los reporteros durante la construcción de la noticia. Se plantea varias interrogantes para definir el proceso de producción de la noticia: "cómo los informadores deciden qué es noticia, por qué se ocupan de algunos ítems pero no de otros y cómo deciden lo que yo y otros queremos conocer". Además señala que los reporteros "usan técnicas de rutina para hallar los hechos" (Tuchman, 1983).

El estudio de la sociología de los emisores trata de entender el proceso de construcción de la información en los medios. En ese análisis Mauro Wolf subraya que la importancia de un suceso depende de lo que determine importante la organización; que los valores/noticias se activan según la jerarquía de turno. En este punto, el investigador se pregunta ¿qué acontecimientos son considerados suficientemente interesantes, significativos, relevantes, para ser transformados en noticia? (Wolf, 1987).

En Ecuador, estamos frente a un tipo de industria periodística cuya producción es discursiva, que hasta antes de la aprobación de la LOC, todo lo que decidía sacar al aire era lo que consideraba importante, según su punto de vista o intereses.

Pero, con la llegada de la Ley Orgánica de Comunicación el viejo debate sobre lo que es relevante volvió a la palestra. Los medios se vieron presionados a publicar información de "relevancia pública", un término que -según la perspectiva de donde se lo mire- resulta ambiguo, poco claro.

Algunos de ellos fueron sancionados luego de que actores políticos los denunciaron ante Supercom, basados en esta figura jurídica. Tal fue el caso del exalcalde de Loja, José Bolívar Castillo, quien acusó al diario *La Hora* de no cubrir el 23 de febrero de 2015 su informe de rendición de cuentas. Supercom determinó sancionar al medio, por cuanto consideró que la información era de relevancia pública, por lo que *La Hora* habría cometido censura previa.

3.3.1. La exigencia de tener un título profesional para ejercer el periodismo y todas las actividades relacionadas a la comunicación de masas

Dentro del proceso de construcción de la noticia, los periodistas, reporteros gráficos y camarógrafos juegan el papel más importante. Sin embargo, cuando se puso en vigencia la LOC, la mayoría de ellos tuvo que regresar a las aulas de las universidades, debido a que carecía de un título profesional, algo que es exigido por la Ley Orgánica de Comunicación, en su artículo 42, que dice así:

> Las actividades periodísticas de carácter permanente realizadas en los medios de comunicación, en cualquier nivel o cargo, deberán ser desempeñadas por profesionales en periodismo o comunicación, con excepción de las personas que tienen espacios de opinión, y profesionales o expertos de otras ramas que mantienen programas o columnas especializadas (Asamblea Nacional, 2013a)[11].

Por esta razón, apenas entró en vigencia la ley, el Consejo de Regulación y Desarrollo de la Información y Comunicación (Cordicom) realizó un estudio entre todos los trabajadores de los medios, para conocer el estado real de ellos en materia de profesionalización. El estudio reveló que el 61 por ciento de las personas que trabajaban, hasta ese entonces, en las empresas de comunicación no tenían título

---

[11] El artículo 42 sufrió una leve modificación, pero logró sobrevivir a la reforma, pese a que el presidente de la Comisión de Derechos Colectivos, Jorge Corozo, intentó eliminar su esencia, es decir, la profesionalización.

profesional, es decir, laboraban de manera empírica (Diario El Tiempo, 2014). Sin embargo, dentro de la LOC había una transitoria, la decimosexta, donde se les daba a estos trabajadores un plazo de seis años para profesionalizarse, por lo que cientos de ellos tuvieron que matricularse en universidades e institutos técnicos superiores para obtener un título que les permitiera continuar trabajando.

Para Cordicom, son profesionales de la comunicación todos aquellos que aportan directamente a la producción de contenido informativo:

> "no solo a los periodistas sino a todos aquellos que trabajan en el quehacer diario de la comunicación: fotógrafos, diseñadores gráficos, prensistas, fotomecánicos, encuadernadores, empacadores, community manager, blogger, webmaster, operadores de consola, jefes de piso, asistentes de producción, operadores de audio, operadores de transmisión, operadores de video, sonidistas, switcher, escenógrafos, asistentes de logística, asistentes de cámaras, operadores de pronter, cuidadores de equipos transmisores, asistentes de iluminación, tramoyistas, vestuaristas, maquillador". (Cordicom, 2016)

El plazo dado por la transitoria decimosexta de la LOC culminaba en el año 2019 y hasta el año 2018 aún había muchos trabajadores de la comunicación que no estaban estudiando, por lo que corren el peligro de quedarse sin empleo. Ante esto, Cordicom hizo una alianza con el Servicio Ecuatoriano de Capacitación Profesional (Secap), para que estas personas pudieran tener acceso a una preparación profesional, a través de talleres que ofrece el propio Secap. Al final, se les otorga un certificado, que es una especie de licencia temporal que dura cuatro años, tiempo durante el cual los trabajadores tienen la oportunidad de preparararse académicamente en una universidad o instituto.

Los talleres que ha ofertado el Secap han estado dirigidos a los siguientes trabajadores de los medios: presentadores/as, locutores/as para radio y/o televisión; trabajador de piso de televisión; fotógrafo de medios y multimedia; programador/a de contenidos para medios comunitarios (radio o televisión); camarógrafos de noticias; productor/a, realizador/a de contenidos para medios comunitarios (radio o televisión), (Cordicom, 2015).

Pero este debate de la profesionalización de quienes trabajan en las empresas mediáticas no es nuevo. Varios analistas y estudiosos defienden la condición multidisciplinaria de los periodistas (Markham,

McLeod, & Rush, 1969); mientras que otros como Hugo Aznar defienden la tesis de que para ejercer el periodismo, el comunicador debe haber sido formado tanto en conocimiento, técnicas y sobre todo ética, en las aulas universitarias. (Aznar, 1997)

"Las complejidades del mundo moderno requieren periodistas adecuadamente formados", indica Aznar en su artículo "El debate sobre la profesionalización del periodismo", en el cual también rememora cómo empezó en Europa a exigirse que los comunicadores se especializaran en las universidades. Narra que, a finales del siglo XIX y en los albores del XX, "pensadores ya insistían en la necesidad de la profesionalización de los periodistas, lo que dio paso a la creación de cursos para periodistas y luego la fundación de varias escuelas de periodismo" (Estrella Tutivén & Díaz Vera, 2017).

Sobre este tema, en Ecuador han hecho un análisis María Punín y Allison Martínez, en el artículo llamado "La profesionalización periodística en el Ecuador: ¿la experiencia en las calles o el conocimiento en las aulas?". Allí, ambas autoras rememoran las primeras gestiones para profesionalizar a los periodistas. Fue en el año 1943, con la creación de la Facultad de Comunicación Social de la Universidad Central del Ecuador, en Quito. Dos años después, en 1945, apareció la Escuela de Información de la Universidad de Guayaquil, que ahora es su Facultad de Comunicación Social.

Esta tendencia fue fortalecida con la instauración de la primera Ley del Ejercicio Profesional del Periodista, promulgada por el general Guillermo Rodríguez Lara, el último dictador que hubo en el Ecuador. El artículo primero de esta ley decía así:

> "Es periodista profesional (literal c.) Quien obtuviera un certificado de profesionalización otorgado por el Ministerio de Educación Pública, en razón de hacer ejercicio la profesión, con anterioridad a la fecha de vigencia de esta Ley, y de acuerdo con sus disposiciones..." (Punín Larrea & Martínez Haro, 2013).

Sin embargo, y pese a esta regulación, en Ecuador seguían ejerciendo el periodismo personas que tenían diversas profesiones, como abogados y médicos; o que practicaban actividades como el modelaje o el deporte. Basta con mirar quiénes eran los presentadores de los noticieros de televisión, en esa época: modelos de pasarelas, futbolistas, diplomáticos, etc.

3.4. Los productos comunicativos

Alsina señala que los productos comunicativos son el resultado discursivo de un proceso sociosemiótico, de la interpretación de la realidad social por parte de los periodistas.

Para estudiar dichos productos comunicativos señala que estos se deben sobre todo a dos elementos diferentes, pero indiscutiblemente relacionados: las estrategias discursivas y las características tecnocomunicativas.

> Las estrategias discursivas semánticas son el vehículo de la expresión de las macroestructuras o temas y de los modelos cognitivos de situación, así como el de manejar las inferencias que el oyente hará sobre las características personales y sociales del hablante. Las estructruras discursivo-semánticas se relacionan directamente con las estrategias retóricas, pragmáticas, estilísticas y conversacionales (Dijk, 1984).

De su lado, las características tecno–comunicativas tienen que ver con el discurso a nivel formal y las "rutinas productivas" de cada medio; la manera particular como cada empresa mediática produce una noticia, tanto a nivel tecnológico como a nivel lingüístico y paralingüístico.

> Evidentemente, en cada empresa de comunicación se establecen distintas estrategias comunicativas y, por supuesto, cada media tiene unas características tecnocomunicativas propias. La prensa, la radio y la televisión construyen sus discursos mediante semiosis sincréticas diferentes. Se ha llegado a afirmar que determinados acontecimientos se adecúan más a las características tecnocomunicativas de un medio en concreto frente a los demás. Así, por ejemplo, una exhibición de culturismo puede ser algo difícil de narrar para la radio (Rodrigo Alsina, 1995).

3.4.1. Cambios en el contenido de los noticieros de televisión, provocados por la LOC

Cuando se instauró la LOC los medios televisivos tuvieron que modificar sus estrategias discursivas y tecnocomunicativas, es decir cambiar la manera de producir y presentar el contenido de sus noticieros y otros productos comunicacionales.

Los telediarios se vieron obligados a ceñirse a códigos deontológicos que estaban detallados en el artículo 10[12]. Los primeros numerales tenían que ver con la dignidad humana y en ellos se establecía respetar la honra y reputación de las personas; abstenerse de emitir comentarios discriminatorios; respetar la intimidad personal y familiar.

Después se detallaban normas relacionadas con los grupos más vulnerables, que impedían emitir contenidos que incitasen a los menores de edad a imitar comportamientos perjudiciales para ellos; también, obligaban a abstenerse de mostrar contenido o decir palabras que afectasen o se burlasen de los adultos mayores (ancianos), personas con discapacidades o graves patologías; y, protegían la identidad de los menores de edad que hubiesen sido víctimas o autores de delitos.

El tercer acápite se refería al ejercicio profesional de los comunicadores. Allí se ordenaba verificar, contrastar y contextualizar toda información antes de ser publicada; no omitir ni tergiversar intencionalmente elementos de la información; no obtener información a través de métodos ilícitos (cámaras o grabadoras ocultas, por ejemplo, algo que es ratificado más adelante en el artículo 31); evitar el tratamiento morboso de las informaciones de crónica roja; defender el derecho a la cláusula de conciencia (un tema que se amplía en el artículo 39); impedir la censura en cualquiera de sus formas; exigir el respeto a la reserva de la fuente y el secreto profesional; abstenerse de usar la condición de periodistas para obtener beneficios personales; y, respetar los derechos de autor.

El último párrafo expresaba órdenes directas para los medios de comunicación, entre ellas: respetar la libertad de expresión, comentario y crítica; rectificar informaciones erróneas; respetar el derecho a la presunción de inocencia; abstenerse de difundir publirreportajes como si fuesen noticias; no emitir o publicar titulares amarillistas; poner distintivos para que el público diferencie claramente el tipo de contenido que estuviere viendo (informativo, editorial, entretenimiento, publicidad, etc.); asumir la responsabilidad de lo emitido, y

---

[12] La reforma derogó, en su totalidad, el artículo 10.

abstenerse de practicar el linchamiento mediático, una figura jurídica nueva y que fue objeto de polémicas en el país (Asamblea Nacional, 2013a).

Por lo anterior, los medios televisivos se vieron en la imperiosa necesidad de capacitar a sus periodistas, camarógrafos, redactores y al resto del personal vinculado con el proceso de producción de noticias, para que no infringiesen la ley, para que tuviesen mucho cuidado a la hora de producir el contenido comunicacional y así la Supercom no los sancionase.

Esta reglamentación fue la ideal para frenar a los medios audiovisuales ecuatorianos que habían tomado por costumbre incluir en sus producciones escenas morbosas, sobre todo en las noticias de crónica roja y en los programas de farándula. Ya era común ver, por ejemplo, cadáveres de personas víctimas de crímenes y accidentes; o ver expuestos a la opinión pública a menores de edad abusados, sin considerar la integridad del niño.

La ética era dejada a un lado al momento de realizar una cobertura, la política de los canales era mostrar más (sangre, sexo, detalles morbosos) para ganar una mayor audiencia (rating).

En referencia a esta vulneración a los derechos de los televidentes, en el año 2014, el Instituto de Altos Estudios Nacionales (IAEN) publicó un Índice de Vulneración de Derechos en los Medios (IVDM) donde enumera los agravios y violaciones a los derechos en los que pueden incurrir (e incurren) los medios de comunicación ecuatorianos. Los clasifica en las siguientes dimensiones (Chavero et al., 2014):

- Anormalización
- Banalización
- Cosificación
- Criminalización
- Discursos de odio
- Distorsión
- Empleo interesado del sensacionalismo, amarillismo y prensa roja
- Enjuiciamiento mediático
- Estereotipización
- Estigmatización

- Exclusión y marginación social
- Homogenización de la realidad
- Incumplimiento del código deontológico
- Invisibilización
- Mal empleo del lenguaje
- Manipulación
- Mercantilización
- Mitificación
- Negativización
- Normalización
- Ridiculización
- Sobrerrepresentación de la violencia
- Transgresión del derecho de acceso a la información
- Tratamiento exhibicionista
- Tratamiento sexista
- Victimización
- Violación del derecho al honor, a la intimidad, a la propia imagen y a la privacidad personal y familiar

No obstante, esto no es un caso aislado en el mundo, todos los países han tenido que lidiar con este mal que aqueja a los medios de comunicación, tal como lo expone César Coca (1997):

> Cuando se examinan los artículos de los diferentes códigos éticos y deontológicos relativos al respeto a la intimidad de las personas, seguramente vienen a la mente de muchos demasiadas imágenes: la madre que solloza, a escasos centímetros de una cámara de televisión, por la pérdida de un hijo en un accidente; el dolor, físico y moral, de la víctima de un atentado; la indignación de unos padres por la violación y muerte de una hija. Todos lo hemos visto, escuchado o leído, como todos hemos contemplado en los distintos medios imágenes de cuerpos destrozados por la metralla o por un fatal percance de carretera. Y nos hemos preguntado si era precisa la difusión de esas imágenes o esos textos, si tenían realmente valor informativo. Si lo tiene el dolor de una madre o las blasfemias de la víctima de una bomba; la pirueta de un cadáver dentro de un automóvil destrozado o el cuerpo desnudo de una joven muerta en un parque. Podemos poner nombre a todas estas historias, porque son sucesos sacados de la vida real. Por eso cabe la pregunta de si se preocupan los medios por el respeto a la intimidad de las personas (Coca, 1997).

Por lo antes expuesto, se puede inferir que a los medios televisivos no les preocupa que las escenas que muestran les afecte emocionalmente a sus audiencias. Esto, considerando el nivel de impacto que tienen las imágenes sobre los individuos.

Sobre esta última afirmación, Luis Fernando Morales Morante en su artículo denominado "Estructura y sentido de la noticia televisiva: parámetros para la construcción y el análisis del mensaje en el entorno audiovisual", señala la importancia de las imágenes en el proceso de producción de noticias televisivas y añade una nueva fase a la teoría planteada por Westley y McLean según la cual el periodista desarrolla en tres etapas la articulación del discurso: el discurso informacional (selección de la información); el discurso textual (redacción del texto); y el discurso oral (locución de la noticia), (Westley & MacLean, 1957). Morales plantea una cuarta fase: el discurso audiovisual "en la cual los elementos de la coherencia textual, se registran y exhiben a través de dos corrientes: imagen y sonido". Además, elabora un modelo de construcción informativa audiovisual, en cuyo segundo nivel analiza la intención informativa a la hora de realizar el proceso de edición o montaje de las imágenes sobre la locución del reportero. "Se trata de crear relaciones significativas entre las partes y los fragmentos. Para ello nos preguntamos: ¿Qué objetivo buscamos crear o producir en la audiencia? ¿Únicamente pretendemos relatar correctamente la noticia? ¿Intentamos trasmitir además relaciones de significado?" (Morales Morante, 2012).

En este contexto, y debido a la LOC, los camarógrafos ecuatorianos tuvieron que modificar la manera de realizar su trabajo, sobre todo cuando efectuaban transmisiones en vivo (vía satélite, microonda, fibra óptica, live-U, etc.). Se esforzaban por cuidar los planos y las imágenes que enfocaban para no quebrantar ninguna de las normas deontológicas de la LOC y evitar así ser sancionados.

3.4.2. Exigencia de eliminar los contenidos discriminatorios de los mensajes comunicacionales

La LOC también exige a los medios que se abstengan de publicar contenidos discriminatorios, de ningún tipo. Antes de la ley, en los canales de televisión se habían hecho muy populares comedias como "Los Compadritos", "Vivos" o "Rosita, la taxista", programas en cuyos guiones abundaban personajes estereotipados. Por ejemplo, actores de raza negra en papeles de delincuentes; o personas de tez más clara representando a indígenas sumisos y serviles. Pero, cuando la ley fue implementada, el brazo ejecutor de esta, la Superintendencia de Comunicación (Supercom), comenzó a sancionar a los medios que difundían estas comedias. La base era el artículo 62:

> Prohibición. Está prohibida la difusión a través de todo medio de comunicación social de contenidos discriminatorios que tenga por objeto o resultado menoscabar o anular el reconocimiento, goce o ejercicio de los derechos humanos reconocidos en la Constitución y en los instrumentos internacionales.
>
> Se prohíbe también la difusión de mensajes a través de los medios de comunicación que constituyan apología de la discriminación e incitación a la realización de prácticas o actos violentos basados en algún tipo de mensaje discriminatorio (Asamblea Nacional, 2013b) [13].

Uno de los primeros medios en ser sancionados fue Ecuavisa, luego de que uno de sus presentadores -del programa de opinión política, Contacto Directo- dijera el 7 de enero de 2014: "La libertad de expresión tiene su máxima expresión, valga la redundancia... pero hay un ambiente o un sistema de restricción a esa libertad, por ejemplo ya no se le puede decir a los gais, maricas; a los afros no se les puede decir negros, a los ladrones no se les puede decir ladrones...".

El presentador fue denunciado por una asambleísta afrodescendiente, quien sintió que esta frase afectaba a su grupo racial. La Supercom obligó al programa a retractarse en el mismo espacio y publicar la disculpa en la página web del canal, durante siete días consecutivos.

Otro de los medios castigados fue Diario *El Universo*, un periódico de amplia cobertura nacional, debido a que su caricaturista, cuyo seudónimo es "Bonil", publicó en su espacio una sátira donde hacía alusión a la dificultad para expresarse que tiene el exfutbolista Agustín Delgado, quien en ese entonces era asambleísta del partido de Gobierno (Alianza País).

---

[13] El artículo 62 sufrió una leve modificación, pero su esencia se mantiene intacta en la reforma.

Catorce agrupaciones afroecuatorianas presentaron una denuncia por discriminación racial, contra el caricaturista y el medio.

La sanción consistió en publicar una disculpa en el mismo espacio y también en la interfaz de su página web, durante siete días.

3.4.3. Nuevas normas como el "linchamiento mediático" fueron señaladas como un obstáculo para el proceso investigativo de los periodistas

La Ley Orgánica de Comunicación frenó las estrategias discursivas que hasta ese momento manejaban los medios, cuando dio vida a figuras jurídicas controversiales, como el denominado "linchamiento mediático", definido de la siguiente manera en el artículo 26:

> Queda prohibida la difusión de información que, de manera directa o a través de terceros, sea producida de forma concertada y publicada reiterativamente a través de uno o más medios de comunicación con el propósito de desprestigiar a una persona natural o jurídica o reducir su credibilidad pública (Asamblea Nacional, 2013a) [14].

El linchamiento mediático dio paso a un agrio debate entre la prensa privada y el gobierno del expresidente Rafael Correa. Los medios opositores aseguraban que esta figura jurídica había sido creada para proteger a los miembros del régimen, que estaban involucrados

---

[14] La reforma derogó, totalmente, la figura del "linchamiento mediático".

en casos de corrupción o que estaban siendo investigados por otros delitos comunes.

La oposición al linchamiento mediático también llegó desde el extranjero. El profesor peruano y especialista en derechos humanos y libertad de expresión, Carlos J. Zelada, afirmó en su informe "Cuestionamientos a la Ley de Comunicación del Ecuador", que esta figura jurídica lo que realmente buscaba era "blindar a los funcionarios estatales del necesario control ciudadano y periodístico de su actuación pública", la esencia misma de una democracia (Zelada, 2013).

Señaló, además, que este artículo creó en los periodistas y en la prensa un sentimiento de temor e incertidumbre, que no les permitía trabajar con total libertad, por el miedo a ser sancionados, lo cual provocaba una especie de autocensura que reprimía la verdadera libertad de expresión.

"Hablamos pues de miedo a denunciar, de autocensura, de efecto intimidatorio: una suerte de 'delito de desacato' no explícito" (Zelada, 2013).

Fundaciones y diferentes organismos defensores de la libertad de expresión y de prensa levantaron su voz para denunciar el "linchamiento mediático" como un artículo represor. El 2 de agosto de 2016, representantes de la Fundación Andina para la Observación y Estudio de Medios (Fundamedios); la Federación Nacional de Periodistas (Fenape); la Asociación Ecuatoriana de Editores de Periódicos; y, la Plataforma por la Defensa de la Democracia y los Derechos Humanos solicitaron a la Asamblea Nacional una reunión para "iniciar un debate urgente hacia la reforma integral a Ley Orgánica de Comunicación" (Fundamedios, 2016).

La petición de estos organismos no gubernamentales estuvo respaldada por una exhortación hecha por el Comité de Derechos Humanos de Naciones Unidas al gobierno ecuatoriano, que expresa lo siguiente en su párrafo 30:

> El Estado parte debe adoptar las medidas necesarias para garantizar el pleno y efectivo ejercicio del derecho a la libertad de opinión y de expresión en todas sus formas, de conformidad con el artículo 19 del Pacto. Al respecto, debe velar por que su legislación, en particular la Ley Orgánica de Comunicación, sea plenamente compatible con el artículo 19 del Pacto y que cualquier restricción del ejercicio de la libertad de expresión cumpla plenamente con las estrictas exigencias establecidas en el artículo 19, párr. 3, del Pacto y desarrolladas en la Observación general núm. 34

> (2011) sobre libertad de opinión y libertad de expresión del Comité. Asimismo, el Estado parte debe ofrecer protección efectiva a todos aquellas personas que sean objeto de actos de acoso o amenazas por ejercer su derecho a la libertad de opinión y de expresión y asegurar que todas las alegaciones relativas a actos de esa naturaleza se investiguen de manera pronta, exhaustiva, independiente e imparcial y que los autores sean llevados ante la justicia" (Comité DDHH ONU, 2016).

En contrapunto, Carlos Ochoa, exsecretario de la desaparecida Superintendencia de Información y Comunicación (Supercom), el organismo fiscalizador y sancionador de los medios, era un férreo defensor del linchamiento mediático y en sus declaraciones (dadas mientras estaba en ese cargo) afirmaba que los medios se quejaban de esa figura jurídica, por cuanto ya no podían difamar a quienes están en contra de sus intereses mercantilistas.

Y todavía más, Ochoa decía que la sanción que se aplicaba al medio por esta falta (una disculpa pública en el mismo espacio, programas, secciones, tantas veces como fue publicada la información) era muy leve y que debía ser endurecida (Ecuador Inmediato, 2016).

Ante este panorama que planteaba el linchamiento mediático es necesario preguntarse si la libertad de expresión debe tener límites y si es correcto acogerse a ella para lanzar una noticia o información que afecte la honra de una persona.

Respecto a la primera pregunta, Esperanza Pouso Torres aclara el tema en "Límites de la libertad de expresión en el respeto a la intimidad". En su artículo analiza el uso de las imágenes de las muertes violentas de Saddan Hussein, Osama Bin Laden y Mohamar Al Gaddafi. Asegura que su difusión en los noticieros no fue necesaria y que solamente tuvo un fin morboso y puramente comercial. La autora asegura que nunca los canales de televisión tomaron en cuenta los códigos éticos ni consideraron la sensibilidad de sus televidentes.

> Sin tener en cuenta lo que se narraba en las informaciones, y centrándonos estrictamente en las imágenes que se exhibieron de las muertes de los líderes, podemos percibir la falta de ética que aplicaron algunos profesionales de la información. La ejecución del ex dirigente de Irak, el asesinato del fundador de Al Qaeda y el linchamiento popular que sufrió Gadafi fueron emitidos mediante imágenes a través de la prensa y la televisión (Pouso Torres, 2012, p. 722).

La autora asegura que los medios tienen la obligación de pasar por el filtro de la ética todos los contenidos que produzcan, antes de ser publicados o transmitidos, sobre todo los que tienen contenido violento.

La segunda interrogante: ¿es libertad de expresión emitir informaciones que manchen la honra de una persona?, nos lleva a lo que es en esencia el linchamiento mediático.

En sus clásicas "sabatinas" (enlaces donde informaba al país de sus actividades semanales), en su segmento "La Libertad de Expresión ya es de todos", el expresidente Rafael Correa siempre dedicaba un tiempo para analizar las publicaciones o transmisiones de los medios de comunicación, especialmente los de la oposición, a los que fustigaba con dureza. En uno de esos enlaces, Correa explicó que el linchamiento mediático es una derivación del "acoso mediático", una práctica muy común en otros países del globo terráqueo, utilizado sobre todo por la "prensa del corazón", que se encarga de hurgar y escarbar en la vida privada de personajes ricos o famosos, para luego sacarlos en exclusiva en sus programas televisivos, que -por lo general- tienen gran popularidad.

Sobre el acoso mediático habla la investigadora Marina Parés Soliva, quien asegura es una estrategia que permite llegar al linchamiento social. De tal manera no siempre un acoso mediático concluye en un linchamiento social (Parés, 2017).

En su artículo denominado "Los personajes del público y el acoso mediático: el morbo elevado a la categoría de interés general", Alexandre Catalá i Bas reflexiona lo que está sucediendo en la prensa rosa. Explica que la información que transmiten es banal y fatua, pero es elevada a un nivel de relevancia pública, como si la vida privada de un ser humano fuera propiedad de las audiencias.

> (...) los medios de comunicación han experimentado un cambio significativo en los últimos tiempos puesto de manifiesto por Sartori en su obra Homo Videns: la banalización de las noticias. Se dedica mucho más tiempo a informar sobre pseudos-acontecimientos intrascendentes y triviales, cuando no morbosos y vulgares, que sobre verdaderos asuntos de interés general. Lo anterior no quiere decir que el entretenimiento no esté amparado por la libertad de expresión; lo que no puede ampararse en ella es el entretenimiento a costa de los derechos de los demás (i Bas, 2007, p. 222).

De esta manera, los medios comienzan una verdadera cacería contra los personajes públicos todo con el fin de encontrar en ellos alguna debilidad, sentimiento, emoción o problema que se convierta en el titular del día. Así lo indica Laura Soto Vidal, en su artículo "Prensa rosa: el juego sucio de periodistas y famosos". Allí explica que este fenómeno se denomina "telebasura", y tiene como fin satisfacer -sin ningún pudor- el morbo que sienten las audiencias por conocer la vida íntima de los personajes públicos.

> Un cáncer que se extiende con la aparición de los *freakies*, con el ciudadano-espía-delator y con patrones impuestos por los medios para alcanzar mayores índices de audiencia que la competencia. Gran parte de los programas rosa de la televisión suelen eludir cualquier concesión a la decencia, la dignidad, la ética o el pudor (Vidal, 2005, p. 207).

Pascual Serrano abona a esta discusión en su libro "Desinformación. Cómo los medios ocultan al mundo":

> (...) cada vez más ciudadanos toman conciencia de estos nuevos peligros y se muestran muy sensibles con respecto de las manipulaciones mediáticas, convencidos de que en nuestras sociedades hipermediatizadas vivimos paradójicamente, en un estado de inseguridad informativa. La información prolifera, pero sin ninguna garantía de fiabilidad. Asistimos al triunfo del periodismo de especulación y de espectáculo, en detrimento del periodismo de información. La puesta en escena (el embalaje) predomina sobre la verificación de los hechos (Serrano, 2009, p. 3).

Este fenómeno también se ha hecho presente en Ecuador. En los últimos años han proliferado los programas de farándula, donde se ventila la vida de los famosos de turno, a conveniencia del equipo de producción del canal de televisión. En dichos programas salen a la luz romances, divorcios y hasta pleitos tan superfluos, que provocan la burla de las audiencias en las redes sociales.

Karina Sánchez García (2016), en su artículo titulado "Sobre los derechos de las audiencias en México", señala que las audiencias han sido concebidas como sujetos con derechos y obligaciones, que interactúan y participan a través de los medios de comunicación.

> Los derechos de las audiencias están vinculados con el ejercicio pleno de otros derechos fundamentales tales como el derecho a la información, el derecho a la privacidad, la libertad de expresión (antecedido por la libertad de conciencia y la libertad de opinión) y el derecho de réplica; los cuales solo pueden ejercerse plenamente en el marco del acceso democrático y plural a los medios (García, 2016, p. 7).

Así, Sánchez García explica que los medios tienen el deber de respetar el derecho de las audiencias a recibir información importante, no banal. Contenidos que provoquen en ellos una reflexión positiva o un proceso de abstracción que los lleve a nuevos conocimientos. Por lo que, los programas de farándula que escarban la vida privada de otras personas están afectando esas normas.

3.4.3.1. Contexto en el que fue introducido el "linchamiento mediático" en la LOC

Cuando comenzó en la Asamblea Nacional el debate por el linchamiento mediático, legisladores opositores, medios privados y organismos defensores de la libertad de expresión se quejaron amargamente de esta figura jurídica. Afirmaban que iba destinada a proteger a los miembros del gobierno, pero como la bancada oficialista era mayoría, nada pudieron hacer para evitar que sea incluida en la Ley Orgánica de Comunicación.

No obstante, cuando la ley entró en vigencia en 2013, muchos ciudadanos se acogieron al linchamiento mediático para defender su honra. Tal fue el caso de Fred Cabezas, quien fue llamado "violador" en varios programas de televisión (Telesur, 2013).

También la exministra del gobierno de Abdalá Bucaram, Sandra Correa, aplaudió esta figura jurídica. Ella asegura que la prensa ecuatoriana la linchó mediáticamente cuando la juzgaban por el caso conocido como "Mochila Escolar" (Ecuador Inmediato, 2013).

3.4.3.2. Sanciones por "linchamiento mediático" en Ecuador

Desde que entró en vigencia la LOC (2013) hasta el año de su reforma en la Asamblea (2018), varios medios fueron sancionados por cometer linchamiento mediático. Pero hay tres casos que fueron los más comentados.

El primero sucedió cuando el programa deportivo "Dream Team", que emitía el canal privado Teleamazonas, usó monigotes para caricaturizar a varios personajes, entre ellos al entonces presidente de la Federación Ecuatoriana de Fútbol, Luis Chiriboga Acosta. En las emisiones de los días 19, 26 de octubre, 2, 9 y 16 de noviembre de 2014, los monigotes afirmaban que Chiriboga iba a "comprar votos" para ser reelegido en su cargo. El aludido denunció ante la Supercom y este organismo dio la razón al expresidente de la Ecuafútbol. Tras la sanción, el programa fue sacado del aire definitivamente (El Comercio, 2015b).

El segundo caso involucró al programa de farándula "De Boca en Boca" (TC Televisión, canal incautado por el gobierno). El programa fue sancionado por endilgar un supuesto romance al cómico David Reinoso, quien siempre negó el hecho. La supuesta relación fue el tema principal durante varios días y hasta tuvo eco en otros programas. Esto, hasta que David Reinoso puso una denuncia en la Supercom, que sancionó a "De Boca en Boca" y lo obligó a disculparse públicamente durante el mismo número de días (cinco) que transmitió la información (Supercom, 2015a).

El tercer caso -y el más comentado- ocurrió en agosto de 2016. La sanción fue contra el programa de análisis político llamado "Los desayunos de 24 Horas" (Teleamazonas, medio privado), que conduce la periodista Janeth Hinostroza. La queja la presentó el Servicio Nacional de Contratación Pública (Sercop) por una serie de reportajes donde se cuestionaba la subasta de medicamentos para los hospitales y centros de la Red Pública Integral de Salud. Supercom determinó que -en sus reportajes- el programa "Los desayunos de 24 horas" no había permitido que el Sercop ejerciera su derecho a la defensa (Supercom, 2016c).

La oposición criticó esta amonestación, sobre todo porque aseguraba que se dio dos días después de que el expresidente Correa la exigiera en su sabatina número 487, del 6 de agosto de 2016, transmitida desde Pujilí, provincia de Cotopaxi (03:54:00 en adelante):

> Ciertas cadenas, cloacas con antenas y ciertos periodistas deshonestos, envenenados, malos, abusando de su poder mediático quieren destruir instituciones, también defienden claros intereses corporativos... Me refiero a la subasta de medicamentos que fue un éxito total, pero como no le dimos exclusividad a la industria farmacéutica nacional como en el 2011, donde nos estafaron...ahorramos centenas de millones de dólares...pero tenemos una campaña de desprestigio de esa subasta, impresionante, defendiendo al lobby mediático del Ecuador y para eso se ha prestado Teleamazonas y esta periodista de siempre...Qué descaro del periodismo libre e independiente y no muestran la verdad sino que toman partido. En las entrevistas a autoridades (la periodista) interrogaba, no los dejaba hablar, interrumpía, tomaba partido, decía falsedades... Esta es la prensa corrupta y deshonesta que debemos enfrentar. Esto es uno de los principales peligros de la democracia y esto es lo que está en juego en febrero (las elecciones de 2017). Gracias a Dios tenemos la Ley de Comunicación, el derecho a la réplica. Esto debemos denunciar. En otros países esto se llama acoso mediático, claro linchamiento mediático para proteger intereses a ciertos sectores (SECOM Ecuador, 2016).

Mariana Neira, una de las más duras detractoras del mandato de Correa, se refirió a este caso en el artículo "La batalla final contra la prensa", publicado en el portal digital "Plan V".

Allí aseguraba que "el gobierno ataca a Janeth Hinostroza y Teleamazonas, para amedrentar al pequeño, pero valiente grupo de periodistas investigadores que aún queda en los medios tradicionales" (Neira, 2016).

Por esta razón, los medios de comunicación privados exigieron siempre la derogación del "linchamiento mediático", pues -decían- era un freno y una barrera para el periodismo de investigación; que ponía límites a lo que realmente tienen que hacer: denunciar la corrupción y las injusticias sociales.

3.5. Circulación

Rodrigo Alsina señala que todo proceso de circulación de la noticia cuenta con la intervención de la tecnología, cualquiera que sea, según el tiempo en el que se está viviendo; y, que los mensajes que envían los *mass media* no son aislados, sino que se insertan en un ecosistema comunicativo, es decir "en un sistema de discursos concurrentes", conformados por diferentes mensajes emitidos por las empresas de manera múltiple y heterogénea. (Rodrigo Alsina, 1995, p. 120)

3.5.1. La intervención tecnológica

En lo que a intervención tecnológica se refiere, Ecuador se prepara para el apagón tecnológico (la migración de la televisión analógica a la digital). Aunque en un principio estaba previsto para junio 2017, el gobierno ecuatoriano lo pospuso debido a que más del 70% de la población ecuatoriana no estaba preparada para recibir señal digital en sus televisores. Ahora se realizará en etapas, desde 2020 hasta 2023 (El Telégrafo, 2018).

Sin embargo, varios canales ya transmiten en alta definición, entre ellos Ecuavisa y EcuadorTV. El primero dio el gran salto en abril de 2015, luego de varios años de preparación y de invertir millones de dólares en la compra de equipos de tecnología digital, desde las cámaras HD y softwares de edición, hasta los equipos de transmisión y emisión al aire (Ecuavisa, 2015).

Por su parte, Ecuador TV, la televisión pública, fue el primer canal ecuatoriano en transmitir en alta definición. Lo hizo en mayo de 2013, al emitir varias horas diarias en HD, en un mega estudio preparado para esa tarea (Telégrafo, 2013).

3.5.1.1. La incursión de los medios tradicionales ecuatorianos en la web

En las últmas décadas, la transformación de las empresas de comunicación se ha acelerado a una velocidad precipitada, debido a la evolución de la tecnología y sobre todo al desarrollo del internet. En Ecuador, los medios tradicionales también se han visto empujados a tener presencia en la web y ya casi todos cuentan con su versión digital. En alguno casos, el contenido que presentan en el ciberespacio es solo una reproducción de lo que publican en el papel o a través del espectro radioeléctrico. Sin embargo, hay otros medios que también producen contenido especial para su audiencia digital. Se han visto obligados a ello, porque de otra manera estarían firmando su sentencia de muerte.

El Instituto Ecuatoriano de Estadísticas y Censos (INEC) realizó en 2017 un sondeo sobre el uso de las Tecnologías de la Información y la Educación en el país. Los datos arrojados indicaron que del total de personas que usó internet ese año (58,3% de la población ecuatoriana), el 40,7% lo utilizó como fuente de información, una tendencia que ha crecido en los últimos años, debido a que cada día hay más personas que adquieren planes de internet, ya sea en sus teléfonos móviles (planes de datos) o en sus hogares (cuentas fijas) (INEC, 2017).

Desagregación	Periodo	Obtener información	Comunicación en general	Educación y aprendizaje	Razones de trabajo	Otro
Nacional	2008	23,4%	23,9%	40,1%	7,3%	5,3%
	2009	30,0%	18,9%	38,7%	7,8%	4,6%
	2010	27,2%	22,4%	40,0%	5,3%	5,0%
	2011	31,1%	32,6%	29,1%	3,4%	3,8%
	2012	36,0%	28,2%	27,5%	3,8%	4,4%
	2013	32,0%	25,5%	31,7%	4,9%	6,0%
	2014	35,2%	30,9%	26,5%	2,9%	4,5%
	2015	36,9%	29,4%	25,4%	4,1%	4,2%
	2016	38,0%	31,5%	23,2%	3,6%	3,7%
	2017	40,7%	31,0%	21,1%	3,3%	3,9%

Fuente: INEC

Es necesario señalar que la introducción del internet en el Ecuador ha sido un procedimiento lento. En el año 2000, tan solo el 1.5% de la población podía ingresar a la red. En 2005, la cifra subió al 5%. Para el 2013, los números se habían disparado y ya era casi la mitad de la población la que estaba conectada al ciberespacio, sobre todo con la popularidad de los teléfonos inteligentes. Según la empresa GSMA Intelligence, en un reporte difundido en el Mobile World Congress de 2015, el 67% de las conexiones a internet que se producirán en el 2020 en Ecuador será a través de *smartphones* (El Universo, 2015a).

El vertiginoso uso de las nuevas tecnologías ha provocado una grave disminución de los ingresos de los medios tradicionales. Esto lo corrobora la organización IAB Ecuador, que publicó un informe donde indicaba que las empresas nacionales invirtieron en publicidad digital 7.4 millones de dólares (Líderes, 2015).

Frente a esta difícil situación, los medios tradicionales y los propios periodistas están buscando la manera de no desaparecer en el mercado y abrir nuevos nichos que los consoliden en este mundo cibernético.

Uno de los casos que reflejan esta crisis mediática lo protagonizó, en Ecuador, *Diario Hoy*, férreo opositor y duro crítico del gobierno del expresidente Rafael Correa, que tomó la decisión de cerrar en el año 2014 argumentando una crisis económica "provocada por un boicot por parte del Estado" (El País, 2014). Pero, el exmandatario rechazó esta versión y en su cuenta de Twitter, escribió el 30 de junio de 2014: "Supuestamente el *Diario Hoy* cerró esta semana por la Ley de Comunicación. La verdad: viene acumulando pérdidas desde hace años por una pésima administración. ¡Cómo se miente en el país, paradójicamente, por parte de aquellos que deberían informar!".

Finalmente, *Diario Hoy* dejó de imprimirse y se fusionó con la revista digital *Plan V*, sobreviviente *on-line* de lo que fue la revista impresa *Vanguardia*, cuya edición en papel también cesó.

De igual manera ha sucedido con las emisoras radiales. Miles de emisoras en línea son estrenadas todos los días en el internet. Hay tantas plataformas y aplicaciones para crearlas, muchas de ellas son muy fáciles de usar que hasta un pequeño de escuela puede tener su propia radio. Y ni se diga del estrés que vive la televisión, que tiene fuerte competencia en Youtube, Netflix, HBO, entre otros.

Los noticieros televisivos también están sufriendo esta acometida cibernética.

El comunicólogo Antonio Pantoja Chaves analiza que este proceso no se trata de una simple sustitución, sino de toda una metamorfosis del interés de la audiencia, que ahora exige conocer las noticias con elementos adicionales como "la deslocalización, la inmediatez y la interacción" (Pantoja, 2011, p. 218). Sin embargo, hay que añadir a todos estos ingredientes otro fundamental: la veracidad.

La esfera pública ya no depende de un noticiero para informarse. Ella tiene a su mano miles de páginas webs, aplicaciones y redes sociales para enterarse de lo que sucede a su alrededor y el mundo, en cuestión de segundos. Por eso exige a los telediarios algo diferente, pero sobre todo demanda veracidad, por cuanto en la red siempre encuentra noticias reales, mezcladas con informaciones tergiversadas o falsas, las denominadas *fake news*. Por ello quiere un noticiero basado en la credibilidad.

3.5.1.2. La LOC creó una nueva forma de distribución de las frecuencias del espectro radioeléctrico

El artículo 16 de la Constitución ecuatoriana consagra el acceso con igualdad de condiciones a las frecuencias del espectro radioeléctrico para estaciones de radio y televisión. La normativa favorece sobre todo a los medios comunitarios, que por primera vez en la historia, son contemplados como los más importantes en el sistema comunicacional del país. Este derecho se garantizaba en el artículo 106 de la LOC, que -antes de ser reformado- textualmente decía así:

Distribución equitativa de frecuencias. Las frecuencias del espectro radioeléctrico destinadas al funcionamiento de estaciones de radio y televisión de señal abierta se distribuirán equitativamente en tres partes, reservando el 33% de estas frecuencias para la operación de medios públicos, el 33% para la operación de medios privados, y 34% para la operación de medios comunitarios.

Esta distribución se alcanzará de forma progresiva y principalmente mediante:

1. La asignación de las frecuencias todavía disponibles;

2. La reversión de frecuencias obtenidas ilegalmente, y su posterior redistribución;

3. La reversión de frecuencias por incumplimiento de las normas técnicas, jurídicas para su funcionamiento o fines para los que les fueron concesionadas, y su posterior redistribución;

4. La distribución de frecuencias que regresan al Estado conforme a lo dispuesto por la ley; y,

5. La distribución equitativa de frecuencias y señales que permitirá la digitalización de los sistemas de transmisión de radio y televisión. En todos estos casos, la distribución de frecuencias priorizará al sector comunitario hasta lograr la distribución equitativa que establece este artículo (Asamblea Nacional, 2013) [15].

Por mandato constitucional, en noviembre del 2008, el expresidente Correa creó una Comisión para la Auditoría de Frecuencias de Radio y Televisión. Le designó la tarea de transparentar las concesiones entregadas. La Comisión se tomó cinco meses para concluir que 900 de 1.637 frecuencias habían sido ilegalmente concesionadas.

La Asamblea Nacional Constituyente dispuso que se inicien los procesos de reversión y redistribución basados en los resultados entregados por la Comisión.

Pero el tema de la distribución de las frecuencias siempre fue polémico en Ecuador. Antes de la LOC, las frecuencias eran concedidas por el Consejo Nacional de Radiodifusión y Televisión (Conartel), declarado por la Ley de Radiodifusión y Televisión (emitida por la última dictadura militar en 1975) como la única institución que podía manejar y gestionar el espectro radioeléctrico.

Conartel, que estaba conformado por representantes del ejecutivo, las Fuerzas Armadas, las cámaras de producción privadas y dos de las principales asociaciones de medios privados, concedía las frecuencias con total hermetismo y nunca transparentaba los procesos. En su informe final, la Comisión para la Auditoría de las Frecuencias

---

acusó a Conartel de discriminar a los medios comunitarios y provocar la concentración de frecuencias en las manos de los más poderosos y ricos del país. Así lo citan Ana María Acosta Buenaño, Verónica Calvopiña y Jorge Cano en el estudio "Medios comunitarios y democratización de la comunicación en Ecuador: aporte para el debate sobre el Concurso Público de Frecuencias":

> Todas estas irregularidades: falta de un procedimiento claro para la entrega de concesiones; ausencia de reglamentación; ninguna temporalidad definida (solicitudes archivadas o simplemente no contestadas); entrega de frecuencias por recomendaciones o favores políticos; pagos por frecuencias; etc. generaron mucha corrupción y discriminación que afectó sobre todo a propuestas de comunicación comunitaria y medios locales. (Acosta Buenaño, Calvopiña Panchi, & Cano Cañizares, 2017, p. 11)

El Informe de la Comisión de Auditoría de Frecuencias además descubrió 12 grupos familiares (entre los que había excongresistas y miembros de Conartel) que concentraban, hasta el año 2008, frecuencias principalmente de radio.

Con la Ley Orgánica de Comunicación desapareció Conartel y se dio paso para que dos organismos sean los que se encarguen de la distribución del espectro radioeléctrico. Estos son: el Consejo de Regulación y Desarrollo de la Información y la Comunicación (Cordicom), y la Agencia de Regulación y Control de las Telecomunicaciones (Arcotel).

Así, en el año 2016, Ecuador dio paso a un concurso público de concesión de frecuencias, donde por primera vez los medios comunitarios podían participan sin discriminación ni exigencias irrazonables, puesto que gracias a la LOC tenían derecho al 34% del espectro radioeléctrico. Esto prometía cambiar el panorama mediático del país.

Sin embargo, el concurso fue suspendido en 2017, según Arcotel, "ante las solicitudes de revisión presentadas por algunos participantes" (La Hora, 2017).

Un año después, en 2018, la Controlaría emitió un informe negativo contra el concurso y acusó a Arcotel y a Cordicom de cometer varias irregularidades (Ecuador Inmediato, 2018):

-   Errores en asignación de puntajes, recalificación y descalificación de postulantes.

- Instructivo para evaluación de proyectos emitido sin conocimiento de los postulantes y luego de las bases del concurso y el reglamento.
- Concentración de frecuencias en tres grupos (liderados por el asambleísta Jorge Yunda y los empresarios Ángel González y Lenin Andrade).
- Varios medios efectuaron cambios en la estructura gerencial y accionaria sin poner en conocimiento de la Arcotel.
- Dispersión de documentos dificultó el análisis oportuno.

Así las cosas, la tan esperada renovación del panorama mediático del país no se ha dado y la creación de nuevos medios comunitarios ha pasado desapercibida.

3.5.2. El ecosistema comunicativo

Luis Romero Rodríguez et al. (2015) señalan que en "el pasado era más simple decidir la dieta informativa a partir de medios especializados, preferencia de canales de distribución o espacios y tiempos definidos para el consumo informativo"; no obstante en la actualidad el ecosistema comunicativo del mundo se ha diversificado y engrandecido, lo que ha provocado una sobresaturación de la información, es decir una "infoxicación" en las audiencias que altera las dinámicas sociales (Romero-Rodríguez, Gadea, & Díaz, 2015, p. 27).

Este fenómeno sucede igual en Ecuador, donde en las últimas décadas no solo hay un mayor número de medios tradicionales, sino sobre todo digitales y donde las redes sociales juegan un papel preponderante.

Un mapa nacional de medios, elaborado por Jaime Robles Centeno, en 2011, muestra el siguiente panomara mediático en Ecuador, donde destaca que la Sierra era -en ese entonces- la región que poseía más medios de comunicación (Robles Centeno, 2011).

Región	Medios impresos y digitales	Televisoras	Radios
Costa	33	23	201
Sierra	33	27	263
Oriente	2	2	57
Galápagos	1	2	9

Fuente: Jaime Robles Centeno

Tres años después, en 2014, el Consejo de Regulación y Desarrollo de la Comunicación (Cordicom) exigió a los medios ecuatorianos registrarse en una plataforma web, creada por la institución, para tener una base de datos más real y actualizada de las empresas mediáticas que hay en el país. El primer registro arrojó lo siguiente (Cordicom, 2014b):

Por tipo de medios

Privados	1048
Públicos	63
Comunitarios	35

Fuente: Cordicom

Canales de televisión de Ecuador

Televisión abierta VHF	38
Televisión abierta UHF	41

Fuente: Cordicom

Radios en Ecuador

AM	166
FM	497

Fuente: Cordicom

Periódicos	105
Revistas	84
Portales informativos en internet	38

Fuente: Cordicom

Si se toman en consideración solo las cifras, podría inferirse que en tan solo tres años (2011-2014), el número de medios de comunicación se disparó. A esto hay que añadir que los mismos comenzaron a definir su afinidad política en una época donde la Ley Orgánica de Comunicación se convirtió en el marco central de sus movimientos y producción informativa. De esta manera el panorama comunicativo quedó dividido así, durante esa época: los que estaban a favor del gobierno de Rafael Correa, los que estaban en contra y pocos fueron los que prefirieron quedarse en la neutralidad.

Ante esta sectorización o conformación de bandos mediáticos también se hizo muy común que medios afines comiencen a trabajar de manera colaborativa, especialmente entre los canales de televisión. Este fenómeno se manifestó sobre todo en el intercambio de material audiovisual, en la unión de señales para las transmisiones de eventos de gran magnitud como partidos de fútbol importantes, teletones, etc.

Sin embargo, la utilización del material informativo de los canales también está determinado por la tematización de cada medio. Citado por Rodrigo Alsina, Agostini (1984) define la tematización como "la actividad de los *mass media* concretada por la selección de los temas y la discusión de la modalidad de memorización de los mismos por el público" (Rodrigo Alsina, 1995, p. 121).

Siendo que los canales más importante del Ecuador estuvieron polarizados durante el gobierno Rafael Correa, la tematización se veía reflejada en la afinidad política de cada medio. Por ejemplo, Ecuavisa se convirtió en férreo opositor del oficialismo, al igual que Teleamazonas. Con menor intensidad les seguía Canal Uno. Sin embargo, el aparato comunicativo gubernamental, conformado por los canales nacionales TC Televisión, Gama TV y Ecuador TV trataba de contrarrestar el ataque y contraatacaba con la ideología política de izquierda y la no divulgación de hechos que afectaren la imagen del gobierno de ese entonces. La labor de los medios oficiales fue apoyada con la aparición de Telesur (canal creado por el fallecido Hugo Chávez) y RT (canal ruso) que tenía su señal en UHF.

3.5.2.1. El grupo objetivo (target) al que se dirigen los medios y la lucha por el rating

A esto hay que añadir el target al que están dirigidos los canales de televisión, que aunque no son visibles en los portales digitales de esas empresas, se pueden definir claramente gracias al contenido de su parrilla de programación. Por ejemplo, Ecuavisa es reconocido por ser un canal elitista. Sus noticieros no son amarillistas, más bien se centran en noticias de política y economía, además de los reportajes de investigación y documentales. Sus *anchors* o talentos de pantalla son en su mayoría personas de piel muy blanca. Por su parte, Ecuador TV, la televisión pública del país, está más destinada a promover la interculturalidad y plurinacionalidad del Ecuador, a través de programas inclusivos y educativos. Hay otras televisoras donde sí se explota la crónica roja, como por ejemplo Canal Uno y TC Televisión. Sin embargo, con la llegada de la LOC, los programas sensacionalista tuvieron que limitar el uso de imágenes sangrientas y morbosas, todo con el fin de no ser sancionados.

En lo que tiene que ver al rating, de todas las televisoras que tiene el país, las que cuentan con mayor audiencia nacional (hogares consolidado al 2017) son las siguientes, según información arrojada por Ibope, la empresa privada encargada de la medición de audiencias en Ecuador.

Canal	Ecuavisa	RTS	Teleamazonas	GamaTV	TC Televisión	Televicentro	Canal 1
Rating hogares/ consolidado 2017 (06:00-23:59)	6.50%	3.10%	3.10%	1.04%	5.03%	2.52%	2.63%

Fuente: Ibope

Una investigación realizada en 2016 por el abogado Romel Jurado Vargas, quien formó parte de la Comisión Ocasional de Comunicación de la Asamblea Nacional, revela la realidad económica de los medios de comunicación de alcance nacional, además detalla quiénes aparecen como sus dueños y accionistas, así como sus activos, pasivos y patrimonio, entre otros datos interesantes. Las cifras aclaran un poco más el panorarama de cómo están financieramente los canales de televisión nacional y quiénes son los que dominan el mercado. Para esta investigación se ha dicidido tomar uno de los cuadros publicados por el abogado Jurado, el cual corresponde a los 10 canales que tienen los más grandes patrimonios del país (Jurado, 2016).

CONCESIONARIO	PATRIMONIO
CADENA ECUATORIANA DE TELEVISIÓN C.A CANAL 10 CETV	40,258,919.18
CORPORACIÓN ECUATORIANA DE TELEVISIÓN S.A. (Ecuavisa)	22,020,186.07
CENTRO DE RADIO Y TELEVISIÓN CRATEL C.A	15,315,890.43
TELEVISORA NACIONAL COMPANIA ANONIMA TELENACIONAL C.A. (Ecuavisa)	12,019,736.00
TELE CUATRO GUAYAQUIL C.A.	7,871,616.39
COMPAÑÍA TELEVISIÓN DEL PACIFICO TELEDOS S.A.	5,398,613.70
RELAD S.A	4,839,413.67
SISTEMAS GLOBALES DE COMUNICACIÓN HCGLOBAL S.A	4,641,676.16
ORGANIZACIÓN ECUATORIANA DE TELEVISIÓN ORTEL S.A.	2,448,002.23
TELEAMAZONAS GUAYAQUIL S.A.	1,848,628.88

Fuente: Romel Jurado Vargas

Las dos tablas anteriores muestran que dos son los canales de televisión que se disputan el rating de sintonía, Ecuavisa (canal privado que tiene dos empresas) y TC Televisión (incautado por el gobierno). En lo que corresponde a patrimonio, TC Televisión ocupa el primer lugar, seguido de Ecuavisa. Por lo que queda demostrado que ambos canales son los que hasta el 2017 dominaban el mercado de la comunicación televisiva en el Ecuador. No obstante, como Ecuavisa fue un medio opositor al Gobierno del expresidente Correa, fue uno de los que más sanciones y amonestaciones tuvo.

3.6. El consumo

3.6.1. La Interpretación

Referente a la interpretación, Rodrigo Alsina indica que se trata del procesamiento de la información, que puede ser infinita. Que cada individuo o audiencia decodifica el mensaje según el mundo que se ha formado en su interior, a causa del contexto donde le ha tocado vivir.

Rodrigo Alsina cita a Umberto Eco (1987), quien cree que hay dos clases de interpretación: la semántica y la crítica o semiótica.

> La interpretación semántica es el resultado del proceso por el cual el destinatario, ante la manifestación lineal del texto, le otorga una significación. La interpretación crítica o semiótica es, por contra, aquella con la que se pretende explicar las razones de orden estructural que hacen que el texto pueda producir tal o cual interpretación semántica determinada (Eco citado por Rodrigo Alsina, 1995, p. 92).

Las audiencias a las que se dirigen los medios ecuatorianos se han vuelto cada vez más críticas y sus interpretaciones semióticas las manifiestan a través de las redes sociales, donde se desarrollan agrios debates sobre diferentes cuestiones, sobre todo políticas y problemas de la comunidad.

Al llegar la LOC, las audiencias se empoderaron de los derechos que esta ley les daba y en el caso de las televisoras, los televidentes fueron parte fundamental del proceso de control de los contenidos que emitían, puesto que muchas de las denuncias fueron realizadas por ellos o por grupos sociales.

Por ejemplo, varios programas fueron sacados del aire. Especialmente pasó con comedias como "Mi Recinto", "Los Compadritos" y "La Pareja Feliz", donde grupos de campesinos, afrodescencientes, asociaciones GLBTI y feministas las denunciaron ante la Supercom por emitir supuestos contenidos sexistas, discriminatorios y ofensivos contra los grupos humanos que representan.

Otro ejemplo fue la denuncia que hizo en 2015 la Asociación Ateísta del Ecuador contra el programa "Ecuador Tiene Talento", de Ecuavisa, donde el jurado del programa criticó duramente a una de las participantes por decir que no creía en Dios (El Comercio, 2015a).

En su balance por los 4 primeros años de la LOC, la desaparecida Superintendencia de Comunicación publicó en su portal web las cifras que corroboraban la participación de las audiencias en el proceso de regulación de los medios. Basta con decir que desde su implementación, la Supercom ordenó 1.102 rectificaciones y 849 réplicas en los medios, por denuncias hechas por personas que se sintieron ofendidas por las publicaciones de los medios. Durante esos cuatro años también se procesaron 1.081 casos, de los cuales 675 fueron sancionados, 266 archivados y 108 fueron absueltos. (Supercom, 2017).

Una encuesta realizada por diario *El Telégrafo* (2014) reveló que el 75% de los periodistas ecuatorianos consultados consideraba que su trabajo no había sido afectado por la Ley Orgánica de Comunicación desde su vigencia. El sondeo fue realizado a una muestra de 65 reporteros, editores, autoridades y grupos sociales, de manera escrita y a través de entrevistas (El Telégrafo, 2014).

De su lado, en su informe de rendición de cuentas del año 2016, la Supercom publicó una encuesta hecha a la ciudadanía, con la que quería medir el nivel de aceptación que tenía la labor de la institución. La herramienta se aplicó en las ciudades de Quito, Guayaquil, Cuenca, Ambato, Manta, Machala, Portoviejo y Santo Domingo a 9.000 personas de entre 18 a 75 años.

Los resultados arrojaron que el 36,8% calificó de regular la gestión de Supercom, mientras que el 32% creía que era buena y el 2,4% la calificó de muy buena.

¿Usted considera que el desempeño del organismo regulador de la Ley de Comunicación para proteger los derechos de los ciudadanos ha sido hasta ahora?

	Junio	Julio	Agosto	Septiembre	Octubre	Promedio
Malo	8%	7%	5%	8%	6%	6.8%
Regular	34%	38%	42%	35%	35%	36.8%
Indiferente	25%	17%	15%	21%	21%	19.8%
Bueno	32%	33%	32%	31%	32%	32%
Muy bueno	1%	2%	2%	3%	4%	2.4%
No responde	0%	3%	4%	2%	2%	2.2%

Fuente: Supercom

3.6.1.1. La situación precomunicativa

Rodrigo Alsina divide la situación precomunicativa en tres fases: contexto, circunstancia y competencia (Rodrigo Alsina, 1995, p. 124).

3.6.1.1.1. El Contexto Macrosocial

Respecto al contexto, el autor lo clasifica en macrosocial y microsocial. El contexto macrosocial se refiere a la sociedad donde actualmente vivimos, que en este caso -a nivel mundial- es la era de la globalización y el reinado del internet. Ecuador no es ajeno a eso. También está inmerso en el fenómeno de la fusión mundial, el cual está íntimamente ligado a las telecomunicaciones, internet y las nuevas tecnologías de la comunicación.

La globalización y el uso de las TIC, sumado al impulso que le dio la LOC a la promoción de la interculturalidad y plurinacionalidad ecuatoriana, dio como resultado que salgan a la luz tradiciones de etnias que eran poco conocidas dentro del territorio ecuatoriano. A esto hay que añadir el movimiento nacionalista que empezó el gobierno del expresidente Correa, para que Ecuador vuelva a sus raíces y valore su identidad cultural.

3.6.1.1.2. Lo Microsocial: La presión que ejercen las redes sociales sobre los medios y el consecuente giro que ha dado la *Agenda Setting*

En lo microsocial se habla de la influencia interpersonal en las decisiones de los usuarios de la comunicación de masas (Katz & Lazarsfeld, 1979). Aquí se puede resaltar el hecho de que las redes sociales crean tendencias que son recogidas por la televisión, porque generan rating.

En Ecuador, en los últimos años, la viralización en las redes de videos (grabados por celulares o cámaras de seguridad), ha empujado a los canales de televisión a introducirlos en las escaletas de sus telediarios.

La mayoría de esas grabaciones corresponden a temas de crónica roja, con altos índices de violencia, por lo que —algunas veces- los noticieros fueron amonestados por pasar por alto las normas deontológicas que estaban en el artículo 10 de la Ley Orgánica de Comunicación.

Todos los días, millones de videos son compartidos en las redes sociales, cientos de ellos se vuelven virales en sus localidades, países y muchos hasta traspasan las fronteras debido a la espectacularidad del suceso. Los medios tradicionales han tenido que utilizarlos en sus reportajes porque ya es imposible no hablar de ellos, puesto que todos lo comentan. De esta manera, se ha invertido la teoría de la "Agenda Setting", de Maxell McCombs y Donald Shaw, que indica que son las empresas mediáticas las que imponen qué asunto tiene interés informativo. Ahora son las redes sociales, es decir las audiencias, las que imponen a los medios qué tema tratar en sus telediarios. En el estudio "El 'trending topic' frente a la 'agenda setting'", Margarita Antón y Estrella Alonso Del Barrio aseguran que "históricamente, los medios han decidido qué temas deben interesar a los ciudadanos. Hoy, los ciudadanos colocan en los primeros puestos de las redes aquello que les interesa" (Crespo & Barrio, 2015, p. 23).

De su lado, Beatriz Cerviño Queiroz, en su artículo denominado "El uso de las redes sociales como fuente de información para los periodistas" afirma que, desde que surgieron, las redes sociales pasaron a formar parte de las salas de redacción de los medios tradicionales, desplazando poco a poco a los correos electrónicos y las agencias de noticias. Además, propone repensar la teoría de la Agenda Setting, porque frente a la explosión de las redes sociales y su uso cada vez más popular, esta realidad está cambiando.

> ...la rapidez de actualizaciones en Internet dificulta un estudio preciso sobre quién establece la agenda de quién en la Internet. El propio autor de la teoría, Maxwell McCombs, en un artículo más reciente en el cual actualiza su teoría a la luz de las nuevas tecnologías, admite que la "direccionalidad de la influencia en la formación de la agenda es realmente algo difícil de determinar, porque los ciudadanos y los sitios de redes sociales están en contactos múltiples, así que el establecimiento de una única direccionalidad se torna algo muy complicado" (McCombs, 2005). Por consiguiente, hacer simplemente un estudio comparativo entre los temas más citados en las redes sociales y lo que es noticia en los periódicos sería pasar por alto esta doble direccionalidad de influencias en la formación de agendas (Queiroz, 2013, p. 7).

Es que las redes sociales -desde que aparecieron- comenzaron a marcar la pauta de los informativos. Tan solo basta mirar el uso que los periodistas le dan a Twitter, quienes utilizan esta plataforma para estar al tanto de todo lo que acontece en el mundo y hasta para conocer, de "cuentas oficiales", información primaria verídica, que puede ser publicada. La razón, especialmente, es que casi todos los gobernantes del planeta, líderes mundiales, activistas y famosos del cine o la música exponen sus actividades, boletines de prensa e información importante, a través de esta red. Dichos mensajes se han convertido actualmente en parte fundamental de las piezas audiovisuales de los noticieros.

Darío Gallo, periodista y editor ejecutivo de la revista argentina "Noticias", asegura que hay un fuerte vínculo entre los comunicadores y Twitter y que esta red es más eficiente y rápida que las agencias de noticias. Pone como ejemplo la huelga policial que ocurrió en su país en el año 2013 y que propició, durante esa madrugada, una avalancha de saqueos y robos que solo fueron registrados por Twitter (Gallo, 2014).

Pero no solo Twitter tiene gran influencia sobre los medios. También están las redes sociales Facebook e Instagram y la aplicación de mensajería Whatsapp. En dichas plataforrmas fluyen todos los días miles de videos y fotos que informan de diferentes novedades, la mayoría banales, pero algunas son tan reveladoras e importantes, que dan pie a cruciales temas de investigación.

En Ecuador hay varios ejemplos que podrían citarse. Como el caso de una exjueza de la función judicial, quien -en estado etílico- protagonizó un escándalo al insultar, golpear y amenazar de muerte a varios policías que la detuvieron por negarse a pagar la cuenta en un restaurante. Varios videos de ese momento fueron difundidos en las redes sociales y se viralizaron inmediatamente. Las imágenes también fueron utilizadas por los medios de comunicación para difundir el suceso. La exjueza fue llamada a juicio y los policías que difundieron los videos en las redes también fueron investigados (TC Television & Teleamazonas, 2016).

La interactividad inherente de las redes sociales es también aprovechada por los canales de televisión. En Ecuador, son los noticieros matutinos y de medianoche, los que más interactúan con la audiencia, a través de mensajes de WhatsApp y las redes sociales. Otros utilizan plataformas streaming como Periscope o FacebookLive para mostrar el "tras cámara" (*backstage*) de sus producciones. Algunos telediarios hasta tienen segmentos especiales donde muestran los videos más populares (virales) del día o semana. Un claro ejemplo de esto lo da Ecuavisa, que en las emisiones de su noticiero Televistazo, utiliza videos virales de accidentes o hechos insólitos ocurridos en el mundo. También ha tenido varios segmentos donde ha presentado videos de redes sociales. Algunos de estos segmentos han sido: "Captados por la cámara", "Mundo animal" y "Los más virales".

Pero ante esta avalancha informativa que día a día se da en las redes sociales, los medios de comunicación tienen que extremar sus cuidados para no infringir los códigos deontológicos de la actividad periodística, y en el caso ecuatoriano, cuidarse de no violar la Ley Orgánica de Comunicación.

El comunicador no debe perder ni desechar los preceptos de siempre, del periodismo tradicional: la contextualización, contrastación, precisión, concisión y verificación de la información que va a publicar o transmitir. Además, tiene que velar por no caer en el morbo o atentar contra la dignidad de las personas, normas que contemplaba el derogado artículo 10 de la LOC.

Para ilustrar lo anteriormente planteado se trae a colación la sanción que le impuso la Superintendencia de la Información y Comunicación (Supercom) al programa "Jarabe de Pico", un espacio de farándula (prensa rosa), que emitía el canal Teleamazonas (VHF), durante las tardes. El 5 de septiembre de 2016, dicho programa transmitió imágenes que fueron grabadas y publicadas en las redes sociales por personas que vieron cómo una expresentadora de televisión gritaba desnuda y -supuestamente- bajo los efectos de alguna sustancia psicotrópica, en los exteriores de un motel de Guayaquil. La periodista aseguraba que había sido citada por su expareja y que allí él la había agredido físicamente. Supercom sancionó al canal por haber infringido el artículo 65 al difundir contenido inadecuado en horario familiar (Supercom, 2015b).

Luego del debido proceso, donde Teleamazonas se defendió a través de un abogado, Supercom determinó la falta y sancionó al canal con una multa equivalente a diez salarios básicos.

Sin embargo hay imágenes que no pueden transmitirse en ninguna franja horaria. Como el video del asesinato de un taxista a manos de un policía, en la ciudad de Portoviejo. Las imágenes fueron captadas por cámaras de seguridad, pero se filtraron y se propagaron rápidamente por las redes. El Consejo de Regulación y Desarrollo de la Información y Comunicación (Cordicom) emitió un exhorto a los canales de televisión para que dejen de publicar, ni siquiera en horario para adultos, las crudas imágenes.

> ...cuestionamos la difusión inapropiada en redes sociales y algunos medios de comunicación del video en el que se muestra fríamente el asesinato del ciudadano portovejense, José Moreira Zambrano. Publicar y difundir este tipo de contenidos carece de justificación y muestra una clara falta de ética, especialmente si el pretexto es informar de un hecho en el que no era imprescindible mostrar semejante acto de crueldad. Las imágenes extremadamente violentas, les recordamos a los responsables de contenidos mediáticos, pueden inducir no solo a la naturalización de la violencia sino a la normalización de la indiferencia. Ante el dolor de la familia de José Moreira Zambrano, declaramos nuestra solidaridad pública, por lo que consideramos una acción desconsiderada con los familiares del fallecido, que incluso podrían significar una vulneración a su derecho a la intimidad. Ratificamos nuestro desacuerdo con la filtración y mal uso de este tipo de grabaciones, por no mencionar que aparentemente se habría producido la ruptura de la cadena de custodia del caso. Quienes estamos comprometidos con los derechos a la comunicación, la solidaridad y la cultura de paz, no podemos silenciarnos ante este tipo de prácticas, que nos obligan a reflexionar sobre la responsabilidad de los medios de comunicación como agentes activos de socialización, y de todas las instituciones públicas involucradas en la sensibilización y prevención de la difusión de contenidos truculentos o que induzcan a la violencia (Cordicom, 2014c).

3.6.1.2. La circunstancia

Esta hace referencia al momento y situación en los que los televidentes observan los programas. En Ecuador, los noticieros que más audiencia tienen son los de la noche, los del llamado horario estelar. Son los de más acogida, por cuanto las personas ya están en sus casa, relajados, después de haber tenido una larga jornada de trabajo. Otros momentos importantes para los televidentes son los domingos por la noche. Son las franjas horarias donde se transmiten los programas con más alto rating.

Pero si nos referimos a franjas horarias. La LOC cuida mucho este aspecto. Lo estipula así en su artículo 65:

> Clasificación de audiencias y franjas horarias.- Se establece tres tipos de audiencias con sus correspondientes franjas horarias, tanto para la programación de los medios de comunicación de radio y televisión, incluidos

los canales locales de los sistemas de audio y video por suscripción, como para la publicidad comercial y los mensajes del Estado:

Familiar: Incluye a todos los miembros de la familia. La franja horaria familiar comprende desde las 06h00 a las 18h00. En esta franja solo se podrá difundir programación de clasificación "A": Apta para todo público;

Responsabilidad compartida: La componen personas de 12 a 18 años, con supervisión de personas adultas. La franja horaria de responsabilidad compartida transcurrirá en el horario de las 18h00 a las 22h00. En esta franja se podrá difundir programación de clasificación "A" y "B": Apta para todo público, con vigilancia de una persona adulta; y,

Adultos: Compuesta por personas mayores a 18 años. La franja horaria de personas adultas transcurrirá en el horario de las 22h00 a las 06h00. En esta franja se podrá difundir programación clasificada con "A", "B" y "C": Apta solo para personas adultas (Asamblea Nacional, 2013b).

Varios canales de televisión han sido sancionados por no respetar los contenidos según la franja horaria. Por ejemplo, Canela TV (UHF) fue multado con 10 salarios básicos, por mostrar a unos actores simulando tener relaciones sexuales, durante un comercial de un producto erótico, transmitido en horario familiar (Supercom, 2016a).

También varios programas radiales fueron multados por emitir contenidos con un vocabulario soez y vulgar, donde se hacía una apología del consumo de alcohol y drogas, en horario familiar.

Uno de ellos fue el programa "Mira quién habla", de la radio "Fútbol FM", los locutores emitieron contenido que no se adecuaba a la franja horaria. En dicho programa, transmitido de 16h00 a 18h00, los comentaristas emitían frases como: ¿Con quién se pegaría una chuma usted? (...) ese pana era un grifero", diálogos que vulneran el derecho a la protección que tienen los niños, niñas y adolescentes, según la sentencia de la Supercom, que obligó al medio a pagar una multa de 10 salarios básicos (Supercom, 2016b).

3.6.1.3. La competencia comunicativa

En cuanto a la competencia comunicativa, esta hace referencia a los conocimientos y aptitudes necesarios para que un individuo pueda utilizar todos los sistemas semióticos que están a su alcance como miembro de una comunidad sociocultural determinada, tal como lo plantea Rodrigo Alsina (1995). Pero el autor no solo se refiere a capacidades lingüísticas, sino también a habilidades psicológicas, sociales y culturales.

En este punto, podría decirse que los televidentes ecuatorianos no son un grupo homogéneo, por lo que sus habilidades comunicativas son muy diferentes. Esto se debe a que Ecuador es un país pluricultural y multiétnico. El último censo de la población indígena, realizado por el INEC en el país (2001), mostró que Ecuador tiene 14 nacionalidades y 18 pueblos indígenas.

Siendo así tan heterogénea la población ecuatoriana, etnológicamente hablando, es comprensible creer que los públicos y audiencias son diversos, más aún si se toman en cuenta que el factor socio-económico también define la clase de programación que a cada sector le gusta sintonizar.

Para corroborar lo antes aseverado se trae a colación los temas de la televisión más comentados en redes sociales, en el año 2015, un análisis realizado por diario *El Universo*, uno de los periódicos más importantes a nivel nacional (El Universo, 2015c). Según el reportaje, lo que más llamó la atención de los internautas fueron la salida de dos presentadores de revistas matinales, de un canal incautado; polémicas que se originaron en un reality show ("Ecuador Tiene Talento") y el desarrollo en el país de la franquicia "La Voz Kid". También, fue muy debatido en redes sociales el intento de un programa de farándula (prensa rosa) de rehabilitar y convertir en su reportera a una joven consumidora de droga, que se hizo famosa en las redes por subir un video donde se la ve caminando, mientras fuma marihuana, usa palabras vulgares y se pasea frente a un retén policial, de manera desafiante.

3.6.2. Audiencias

En su libro "Modelos para el estudio de la comunicación colectiva", McQuail & Windahl (1984) señalan varias concepciones de la audiencia "como agregado de radioescuchas, como masa, como grupo social y como mercado", dando por entendido que los contenidos de los *mass media,* y en este caso la televisión, se mueven debido a lo que exige la audiencia, a través de las mediciones de rating .

Es por esta razón que la LOC le ha dado gran poder a los consumidores de la información, incluso instauró la figura del Defensor de

Audiencia, un personaje creado por la ley para velar por los derechos de los consumidores de la información. No obstante, Cordicom jamás pudo elegir a dichos defensores, que -vale la pena indicar- nunca fueron bien vistos por los medios de comunicación, especialmente porque iban a ser ellos los que tenían que cubrir su sueldo, es decir, tenían que pagar a sus propios fiscalizadores. Así las cosas y hablando de manera metafórica, los Defensores de Audiencia nunca vieron la luz, puesto que la reforma de la Asamblea quitó este mecanismo de supervisión del cuerpo legal.

Pero es necesario saber cuáles eran las principales atribuciones que iban a tener los Defensores de Audiencia:

> Escuchar y defender a la ciudadanía y la garantía de sus derechos a la comunicación e información, promover la lectura crítica de mensajes en la población, elaborar informes mensuales sobre su gestión y las contestaciones dadas a la ciudadanía, además de realizar recomendaciones para los códigos deontológicos de los medios (Cordicom, 2014a).

En el reglamento de la LOC también se incluían las causas de destitución de estos funcionarios: recibir dádivas, realizar actividades de proselitismo político, acoso o abuso, además de ejercer presiones e influencias con el fin de obtener favores.

3.6.2.1. Los efectos

Los efectos (cognitivos y emotivos) son un tema al que la LOC da mucha importancia, sobre todo en artículos donde habla sobre los contenidos comunicacionales, en los que prohíbe imágenes violentas, morbosas, lenguaje discriminatorio u ofensivo contra los grupos vulnerables o excluidos históricamente.

Rodrigo Alsina señala que, a partir de los años setenta, surgen nuevas investigaciones sobre el poder que ejercen los medios sobre las audiencias.

> La tesis básica sería que los medios de comunicación de masas tienen un notable poder en el campo del conocimiento, por su capacidad de influir en la construcción de la realidad social de los individuos, y al nivel institucional por el enorme público que tienen, con el que los políticos han de contar (Rodrigo Alsina, 1995, p. 135).

De su lado, Klapper (1960) señala que cuando se trata de una información nueva, que no conoce la sociedad o sobre la cual tiene escaso conocimiento, los medios de comunicación son los instrumentos más eficaces ya que su influencia sobre las audiencias es directa. El autor considera también que cuando la sociedad atraviesa por momentos de incertidumbre colectiva la influencia de los medios es vital para lograr la definición de temas (Klapper, 1960, p. 59).

Para ejemplificar lo antes dicho se puede citar a Ramonet (1998) quien enumera varios conflíctos bélicos que utilizaron los medios de comunicación en sus estrategias de información/manipulación. Entre ellos están la Guerra de Vietnam (1962-1975), que fue la primera guerra que transmitió la televisión (aunque no en vivo) y que provocó una gran ruptura entre el gobierno estadounidense y la opinión pública; y la Guerra de las Islas Malvinas (1982), la cual fue utilizada por los medios ingleses para mostrar su poderío, mientras que la televisión argentina la mostraba como si su país la estuviera ganando (Ramonet, 1998).

Rodrigo Alsina dice que "el sistema de los *mass media* construye una consonancia discursiva que implica la preeminencia de unas opiniones sobre otras (p. 138).", esto es algo que la LOC combate en su artículo 22, donde indica que toda información debe haber sido contrastada antes de su publicación o emisión, es decir, deben estar todas las versiones de todos los implicados en la noticia. El mismo artículo define el concepto de contrastar la información:

> La contrastación implica recoger y publicar, de forma equilibrada, las versiones de las personas involucradas en los hechos narrados, salvo que cualquiera de ellas se haya negado a proporcionar su versión, de lo cual se dejará constancia expresa en la nota periodística (Asamblea Nacional, 2013b) [16].

Respecto a los efectos emotivos, Rodrigo Alsina dice que están "ligados al orden moral" (p. 140). En este punto, los contenidos que emiten los medios de comunicación causan un efecto directo sobre las emociones de los grupos y de la comunidad, que se ve afectada por contenidos fuertes o de dureza extrema, Es por eso que el Consejo de Regulación y Desarrollo de la Comunicación (Cordicom), ha tenido que emitir varios exhortos a los medios para que eviten usar imáge-

---

[16] Este artículo solo fue modificado en su título.

nes que puedan afectar la sensibilidad de los ciudadanos. Por ejemplo, pidió a los canales que eviten usar imágenes explícitas del sufrimiento de los niños en la guerra de Siria (Cordicom, 2013a).

3.6.2.2. La reacción

Este apartado tiene que ver los efectos conductuales que provocan la información que publican los *mass media*, Rodrigo Alsina indica que esto se da en cuatro niveles: la reacción individual, la grupal, la de la opinión pública y la institucional.

> ...por mi parte utilizo el término "reacción" como efecto conductual. Es decir, la reacción sería la respuesta manifiesta del receptor al mensaje del emisor. Cuando un efecto cognitivo o emotivo da lugar a una determinada conducta, estamos ante una reacción. (Rodrigo Alsina, 1995, p. 144).

Y este análisis es correcto, toda vez que los medios han causado reacciones en masa cuando han lanzado informaciones que han causado gran impacto en su público. Por ejemplo, volviendo al caso del programa "Ecuador Tiene Talento" (Ecuavisa), que fue sancionado por cuanto el jurado criticó a una participante por ser atea; este suceso provocó una reacción colectiva en las redes sociales, donde miles de ecuatorianos se manifestaron a favor y en contra de la actuación del jurado.

Para evitar estas reacciones, en circunstancias que puedan afectar la seguridad nacional, la LOC prevé en su artículo 77 que los medios de comunicación, en caso de estado de excepción, tendrán solamente que transmitir información oficial para no sembrar pánico en la población. Ya sucedió esto con las emergencias nacionales derivadas de la erupción del volcán Cotopaxi en 2015 y del terremoto de 2016. El expresidente Correa declaró estado de excepción -en ambos casos- y obligó a los medios solo a publicar información entregada por el Ejecutivo [17].

---

[17] Este acápite no fue tocado en la reforma.

CONCLUSIONES

A partir del análisis realizado y los resultados obtenidos del proceso de investigación puede concluirse que durante los cinco años que estuvo vigente en el Ecuador, la polémica Ley Orgánica de Comunicación dividió al país en dos partes. Muchos políticos y comunicadores la exaltan, pero los medios que fueron opositores al régimen correísta y organizaciones no gubernamentales, como Fundamedios, repudiaron siempre algunas de sus normas porque –afirmaban- las autoridades estatales de la época de Correa las usaron "para imponer su verdad".

La polémica también se palpó en las redes sociales, en foros y en simposios, lo que desembocó en la reforma que fue apoyada por el actual presidente Lenín Moreno, quien a pesar de haber sido coideario y vicepresidente de Rafael Correa ahora es su enemigo político. Por ello, Moreno dio paso a varias exigencias de los detractores de la LOC, que quedaron plasmadas en la reestructuración de ese cuerpo legal, que fue modificado por la Asamblea en un 75%.

Estos hechos fueron precedidos por la destitución de quien fue el Superintendente de la Información y Comunicación, Carlos Ochoa, defenestrado después de un juicio político, donde lo acusaron de incumplimiento de funciones, violar la Constitución, las leyes de la Contraloría, de Comunicación y de Servicio Público. Los solicitantes consideraron que Ochoa aplicó de manera discriminatoria la LOC en contra de periodistas y de los medios que criticaron al gobierno del exmandatario Rafael Correa.

Pero, pese a las críticas contra la LOC, no puede negarse que esta cumplió con su cometido de organizar el desorden en el que se desarrollaban las empresas mediáticas del país.

Con la LOC se acabó el favoritismo y componenda que orquestaban los miembros de Conartel para la entrega de las frecuencias.

Esto fue positivo, aunque nunca se logró el objetivo de distribuir de manera equitativa el espectro radioeléctrico y el concurso para la obtención de frecuencias quedó en entredicho. No obstante, la ley fue considerada favorable por las agrupaciones sociales minoritarias, puesto que el cuerpo legal obligaba que el 34% del espectro radioeléctrico sea para medios comunitarios.

La LOC, además, terminó el oligopolio mediático de los poderes económicos del país, que gracias a sus influencias y sus cuentas millonarias manipulaban la información que emitían o publicaban en sus medios, siempre para defender sus intereses financieros o privados.

Se favoreció a las minorías étnicas del país con la prohibición de la difusión de contenido discriminatorio y racista; con la obligación que tienen ahora los medios de contar con programación o espacios donde se difunda la interculturalidad y plurinacionalidad ecuatoriana.

Se sentaron las bases para respetar el derecho de la ciudadanía a recibir de los medios una información verificada, contrastatada y contextualizada, sin visos de exageraciones, donde se puedan escuchar las versiones de todos los involucrados, sin que haya favoritismos.

Se crearon figuras jurídicas como el derecho a la rectificación y a la réplica que obligaron a los medios de comunicación a tener más cuidado con las informaciones que publicaban y transmitían. En el pasado los *mass media* no tenían la obligación de retractarse, por lo que muchas veces la prensa cometió graves errores e injusticias, los cuales quedaron en total impunidad.

El tema de la profesionalización de los trabajadores de la comunicación también fue bien recibida, debido a que en los medios -sobre todo en la televisión- elegían a los trabajadores por su aspecto físico (en el caso de los presentadores), o padrinazgos, sin tomar en cuenta la preparación universitaria de los aspirantes.

La LOC además puso un freno a la ambición desmedida por el rating en los canales de televisión, donde antes proliferaban temas grotescos y con un alto nivel de violencia y de morbo, todo con la finalidad de captar más audiencia. Sin embargo, desde el año 2018 -y cuando la Supercom prácticamente había quedado anulada- algunos medios volvieron a sus viejas andanzas y pusieron en horarios familiares programas de contenido banal, donde prolifera el lenguaje de doble sentido y donde se explota la imagen de la mujer como objeto sexual, todo esto sin que ninguna autoridad haga o diga algo.

Así las cosas, el panorama político y comunicativo del país ha cambiado totalmente. Como dije en la introducción, solo el tiempo permitirá comprobar si la reforma legislativa a la Ley Orgánica de Comunicación ha sido un acierto o un error, si realmente será la base para la construcción de una comunicación inclusiva, respetuosa, donde se ponderen los más sublimes valores de la libertad de prensa y de expresión; o si, por el contrario, significará un retroceso en materia de derechos de las audiencias y la restauración de la nefasta relación prensa-poder económico, que tanto daño le hizo en el pasado al Ecuador.

Eso lo analizaremos en un próximo libro.

BIBLIOGRAFÍA

Acosta Buenaño, A. M., Calvopiña Panchi, V., & Cano Cañizares, J. (2017). Medios comunitarios y democratización de la comunicación en Ecuador: aporte para el debate sobre el Concurso Público de Frecuencias (Vol. 1). Friedrich-Ebert Stiftung.

Asamblea Nacional. (2008). Constitución del Ecuador. Retrieved from http://www.presidencia.gob.ec/wp-content/uploads/downloads/2013/08/LeyDeComunicacion-espaniol.pdf

Asamblea Nacional. (2009a). Informe Proyecto Ley Orgánica de Comunicación.

Asamblea Nacional. (2009b). INFORME_PROYECTO_LEY_COMUNICACION.pdf.

Asamblea Nacional. (2013a, June). Ley Orgánica de Comunicación. Retrieved from http://www.presidencia.gob.ec/wp-content/uploads/downloads/2013/08/LeyDeComunicacion-espaniol.pdf

Asamblea Nacional. (2013b, June). Ley Orgánica de Comunicación. Retrieved from http://www.presidencia.gob.ec/wp-content/uploads/downloads/2013/08/LeyDeComunicacion-espaniol.pdf

Aznar, H. (1997). El debate de la profesionalización del periodismo: de la titulación a la organización.

BBC Mundo, R. B. (2017). Por qué el gobierno de Ecuador multó a siete medios por no publicar una historia sobre el excandidato presidencial Guillermo Lasso. Retrieved April 24, 2017, from BBC Mundo website: http://www.bbc.com/mundo/noticias-america-latina-39683883

Borón, A. (2004). La izquierda latinoamericana a comienzos del Siglo XXI: nuevas realidades y urgentes desafíos. Centro de Estudios Miguel Enríquez.

Chavero, P., Aliaga, F., Oller, M., Vásconez, B., Troya, P., Morillo, L., & Insuasti Moreta, R. S. (2014). Índice de Vulneración de Derechos en los Medios: Una herramienta conceptual y técnica para analizar los contenidos mediáticos.

Chen, J. (2006). La Constitucion De Los Estados Unidos En Espanol: Un Servicio Para El Pueblo Americano (the Constitution of the United States in Spanish: A Service for the American People).

Coca, C. (1997). Códigos éticos y deontológicos en el periodismo español. Zer, 2, 107–128.

Comité DDHH ONU. (2016). Observaciones finales sobre el sexto informe periódico del Ecuador.

Condor, J. (2005). Sistema de indicadores de las nacionalidades y pueblos. Retrieved from http://www.cepal.org/celade/noticias/paginas/7/21237/JCondor.pdf

Corape. (2008). De la concentración a la democratización del espectro radioeléctrico. Retrieved from http://biblioteca.udla.edu.ec/client/es_EC/default/search/detailnonmodal/ent:$002f$002fSD_ILS$002f2$002fSD_ILS:2690/ada?qu=CONCIENTIZACI%C3%93N&ic=true&te=ILS

Cordicom. (2013a). Exhorto para el tratamiento de niños en la guerra de Siria. Retrieved February 19, 2018, from http://www.cordicom.gob.ec/wp-content/uploads/downloads/2013/12/Exhorto_tratamiento_ni%C3%B1os_siria.pdf

Cordicom. (2014a). Cordicom aprobó el reglamento de los Defensores de Audiencia. Retrieved February 15, 2018, from http://www.cordicom.gob.ec/cordicom-aprobo-reglamento-que-define-responsabilidades-remuneracion-y-estatus-laboral-de-los-y-las-defensores-de-audiencias-y-lectores/

Cordicom. (2014b). Registro de Medios en Ecuador. Retrieved February 13, 2018, from http://www.ecuadorinmediato.com/modules/umFileManager/pndata/2014-01/registro_de_medios_de_ecuador_29444.pdf

Cordicom. (2015, enero). La profesionalización es clave para frenar la desigualdad en los medios de comunicación. Retrieved October 27, 2015, from Consejo de Regulación y Desarrollo de la Información y Comunicación website: http://www.cordicom.gob.ec/la-profesionalizacion-es-clave-para-frenar-la-desigualdad-en-los-medios-de-comunicacion/

Cordicom. (2016, November 1). Consejo de Regulación y Desarrollo de la Información y Comunicación » Search Results » profesionalización. Retrieved November 1, 2016, from Consejo de Regulación y Desarrollo de la Información y Comunicación website: http://www.cordicom.gob.ec

Cordicom, C. de R. y D. de la I. y. (2013b, December 23). Misión y Visión del CORDICOM. Retrieved April 14, 2017, from Consejo de Regulación y Desarrollo de la Información y Comunicación website: http://www.cordicom.gob.ec/mision-y-vision-del-cordicom/

Cordicom, C. de R. y D. de la I. y. (2014c, June 4). COMUNICAMOS. Retrieved January 6, 2017, from Consejo de Regulación y Desarrollo de la Información y Comunicación website: http://www.cordicom.gob.ec/comunicado-oficial-cordicom/

Córdova del Alcázar, G. (2003). Anatomía de los golpes de Estado: la prensa en la caída de Mahuad y Bucaram. Retrieved from http://repositorio.uasb.edu.ec/handle/10644/162

Crespo, M. A., & Barrio, E. A. del. (2015). El "trending topic" frente a la "agenda setting." Estudios sobre el Mensaje Periodístico, 21(0), 23–34. https://doi.org/10.5209/rev_ESMP.2015.v21.51125

De Moraes, D., Ramonet, I., & Serrano, P. (2013). Medios, poder y contrapoder: de la concentración monopólica a la democratización de la información (Spanish Edition). Biblos.

Diario El Tiempo. (2014, July 29). Inicia profesionalización en sector de la comunicación. Retrieved from http://www.el-tiempo.com.ec/noticias-cuenca/146834-inicia-profesionalizacia-n-en-sector-de-la-comunicacia-n/

Dijk, T. A. van. (1984). Prejudice in discourse. In (Pragmatics & Beyond: Vol. [Ser.] 5,3). Amsterdam [usw.]: Benjamin.

Ecuador Inmediato. (2013). María Augusta Calle propone penalizar "linchamiento mediático" con 1 a 3 años de cárcel. Retrieved October 7, 2016, from http://www.ecuadorinmediato.com/index.php?module=Noticias&func=news_user_view&id=202506

Ecuador Inmediato. (2016). SUPERCOM insta a endurecer penas por linchamiento mediático. Retrieved September 18, 2016, from http://www.ecuadorinmediato.com/index.php?module=Noticias&func=news_user_view&id=2818795367

Ecuador Inmediato. (2018). ATENCIÓN: Contraloría detecta irregularidades en concurso de frecuencias a medios de comunicación :: Ecuadorinmediato. Retrieved September 19, 2018, from http://ecuadorinmediato.com/index.php?module=Noticias&func=news_user_view&id=2818837560&umt=contraloria_detecta_irregularidades_en_concurso_frecuencias_a_medios_comunicacion

Ecuavisa. (2015, April 8). Detrás de las noticias con Darío Patiño: Ecuavisa ingresa al sistema HD. Retrieved February 12, 2018, from Ecuavisa website: http://www.ecuavisa.com/articulo/noticias/opinion/105142-detras-noticias-dario-patino-ecuavisa-ingresa-al-sistema-hd

El Comercio. (2015a). Asociación de Ateos acusa de "discriminatorio" al programa Ecuador Tiene Talento. Retrieved February 13, 2018, from El Comercio website: http://www.elcomercio.com/tendencias/ecuadortienetalento-denuncia-supercom-reality-ecuavisa.html

El Comercio. (2015b). Supercom sanciona a Teleamazonas. Retrieved February 19, 2018, from http://www.elcomercio.com/actualidad/supercom-sanciona-teleamazonas.html

El Comercio. (2017). La reforma del 1x1 entrará en vigencia el martes 20 de junio de 2017. Retrieved February 13, 2018, from El Comercio website: http://www.elcomercio.com/tendencias/reforma-ley1x1-radios-musica-artistas.html

El Comercio. (2019). Una parte del sector audiovisual ecuatoriano se autodeclaró en emergencia. Retrieved March 27, 2019, from El Comercio website: https://www.elcomercio.com/tendencias/sector-audiovisual-autodeclaracion-emergencia-loc.html

El País. (2014, August 27). El diario ecuatoriano 'Hoy' cierra por deudas y presión del Gobierno. Retrieved November 29, 2015, from EL PAÍS website: http://internacional.elpais.com/internacional/2014/08/27/actualidad/1409172285_628341.html

El Prado. (2015). Nueva Ley Orgánica de Telecomunicaciones entró en vigencia luego de su publicación en el Registro Oficial. Retrieved October 13, 2016, from ESTUDIO JURÍDICO PRADO | ASESORÍA LEGAL EN ECUADOR website: http://www.ejprado.com/1/post/2015/04/nueva-ley-organica-de-telecomunicaciones-entro-en-vigencia-luego-de-su-publicacion-en-el-registro-oficial.html

El Telégrafo. (2014, June 17). El 75% de periodistas dice que la LOC no les afecta. Retrieved February 13, 2018, from El Telégrafo website: http://www.eltelegrafo.com.ec/noticias/politica/2/el-75-de-periodistas-dice-que-la-loc-no-les-afecta-infografia-y-documento

El Telégrafo. (2018, September 19). Transición en Ecuador a televisión digital será progresiva hasta 2023. Retrieved April 1, 2019, from El Telégrafo website: https://www.eltelegrafo.com.ec/noticias/economia/4/transicion-ecuador-televisiondigital

El Telégrafo, D. (2013). Aprueban la Ley Orgánica de Comunicación. Retrieved April 14, 2017, from El Telégrafo website: http://www.eltelegrafo.com.ec/noticias/informacion-general/1/ecuador-ya-cuenta-con-nueva-ley-de-comunicacion

El Universo. (2009a, October). Betty Carrillo envía carta de protesta a El Universo. Retrieved October 13, 2016, from El Universo website: http://www.eluniverso.com/2009/10/23/1/1366/ley-comunicacion.html

El Universo. (2010, October 18). Canessa renunció a Banco de Machala por prohibición. Retrieved February 11, 2018, from El Universo website: https://www.eluniverso.com/2010/10/19/1/1356/canessa-renuncio-banco-machala-prohibicion.html

El Universo. (2015a). 67% de las conexiones a internet en Ecuador se hará a través del celular en el 2020. Retrieved January 15, 2018, from https://www.mediatelecom.com.mx/index.php/tecnologia/internet/item/82685-67-de-las-conexiones-a-internet-en-ecuador-se-hará-a-través-del-celular-en-el-2020

El Universo. (2015b, February 22). Un magnate de Estados Unidos controla 10 medios nacionales. Retrieved May 19, 2017, from El Universo website: http://www.eluniverso.com/noticias/2015/02/22/nota/4574356/magnate-eeuu-controla-10-medios-nacionales

El Universo. (2015c, December 23). Lo más comentado en la televisión en Ecuador en el 2015. Retrieved February 14, 2018, from El Universo website: https://www.eluniverso.com/vida-estilo/2015/12/23/nota/5313528/mas-comentado-television-nacional-2015

El Universo, E. (2009b, September 16). Asamblea integró comisión ocasional para ley de comunicación. Retrieved October 13, 2016, from El Universo website: http://www.eluniverso.com/2009/09/16/1/1355/asamblea-integro-comision-ocasional-ley-comunicacion.html

El Universo, E. (2015d, May 3). La aplicación de Ley Orgánica de Comunicación tiene un impacto económico en medios. Retrieved June 15, 2016, from El Universo website: http://www.eluniverso.com/noticias/2015/05/03/nota/4831046/aplicacion-loc-tiene-impacto-economico-medios

Estrella Tutivén, I., & Díaz Vera, J. (2017). La Ley Orgánica del Ecuador y su relación con la televisión guayaquileña. Res Non Verba, 7. Retrieved from http://biblio.universidadecotec.edu.ec/revista/articulo.php?id=298

Fundamedios. (2014). La censura cabalga sobre el lomo de una ley.

Fundamedios. (2015). El "Fantasma" se alza con el espectro. Retrieved May 19, 2017, from http://fundamedios.org/fantasmaenecuador/index.html

Fundamedios. (2016, August 3). Organizaciones piden iniciar debate para reformar la Ley de Comunicación. Retrieved September 18, 2016, from Fundamedios website: http://www.fundamedios.org/representantes-de-la-sociedad-civil-piden-la-presidenta-de-la-asamblea-iniciar-debate-para-reformar-la-ley-de-comunicacion/

Fundamedios. (2017). Presidente acusa a Fundamedios de defender los intereses del 'lobby mediático.' Retrieved May 22, 2017, from Fundamedios website: http://www.fundamedios.org/alertas/presidente-acusa-fundamedios-de-defender-los-intereses-del-lobby-mediatico/

Gallegos, D. (2014, May 4). En auge producción audiovisual y cinematográfica nacional. Retrieved October 31, 2015, from ElCiudadano.gob.ec website: http://www.elciudadano.gob.ec/en-auge-produccion-audiovisual-y-cinematografica-nacional/

Gallo, D. (2014, July 26). Por qué Twitter se volvió imprescindible para el periodismo. Retrieved January 5, 2017, from Medium website: https://medium.com/@dariogallo/por-que-twitter-se-volvio-imprescindible-para-el-periodismo-eaea0ac18f28

García, K. S. (2016). Sobre los derechos de las audiencias en México. Comunicación y Sociedad, (27), 97–120.

Habermas, J. (1988). La esfera de lo público. Revista Del Instituto de Investigaciones Sociales; Montevideo. Retrieved from http://blogs.enap.unam.mx/asignatura/alejandro_valenzuela/wp-content/uploads/2012/02/LA-ESFERA-DE-LO-PUBLICO_HABERMAS.pdf

i Bas, A. H. C. (2007). Los "personajes del público" y el acoso mediático: el morbo elevado a la categoría de interés general. Cuadernos constitucionales de la Cátedra Fadrique Furió Ceriol, (60), 221–235.

INEC. (2016). Encuesta nacional de empleo, desempleo y subempleo. Uso de las TIC en los hogares. Indicadores de Pobreza y Desigualdad.

Jurado, R. (2016). Dueños y cifras de los medios de comunicación de alcance nacional en el Ecuador. Checks&Balance.

Katz, E., & Lazarsfeld, P. (1979). La influencia personal. El individuo en el proceso de comunicación de masas. Retrieved February 14, 2018, from todocoleccion.net website: https://www.todocoleccion.net/libros-segunda-mano-psicologia/la-influencia-personal-individuo-proceso-comunicacion-masas-katz-lazarsfeld~x35074627

Klapper, J. T. (1960). Efectos de las comunicaciones de masas. Madrid: Aguilar.

La Hora. (2017). Ecuador: Arcotel suspende concurso de frecuencias por 30 días - La Hora. Retrieved September 19, 2018, from La Hora website: https://lahora.com.ec/noticia/1102024666/ecuador-arcotel-suspende-concurso-de-frecuencias-por-30-dc3adas

León, D. (2008). Imaginarios de género en "Mi Recinto":Programa de la televisión ecuatoriana. Flacso.

Líderes, R. (2015). La inversión publicitaria decae en medio de la irrupción digital. Retrieved January 23, 2016, from http://www.revistalideres.ec/lideres/inversion-publicitaria-digital-ecuador.html

Massuh, D. (2015, May 8). La censura previa. Retrieved October 31, 2015, from http://www.elcomercio.com/actualidad/ecuador-censura-previa-leycomunicacion-leyes.html

McQuail, D., & Windahl, S. (1984). Modelos para el estudio de la comunicación colectiva. Retrieved from https://www.iberlibro.com/MODELOS-ESTUDIO-COMUNICACION-COLECTIVA-Denis-McQuail/21984903883/bd

Morales Morante, L. F. (2012). Estructura y sentido de la noticia televisiva: parámetros para la construcción y el análisis del mensaje en el entorno audiovisual. Estudios Sobre El Mensaje Periodístico, 18(2). https://doi.org/10.5209/rev_ESMP.2012.v18.n2.41047

Neira, M. (2016). ¿La "batalla final" contra la prensa? Retrieved October 5, 2016, from http://www.planv.com.ec/investigacion/investigacion/la-batalla-final-contra-la-prensa

Pantoja, A. (2011). Los nuevos medios de comunicación social: las redes sociales. Dialnet.

Parés, M. (2017). Acoso Moral. Retrieved January 21, 2017, from http://www.acosomoral.org/

Pouso Torres, E. (2012). Límites de la libertad de expresión en el respeto a la intimidad: estudios de caso en el tratamiento de imágenes. Estudios Sobre El Mensaje Periodístico, 18(0). https://doi.org/10.5209/rev_ESMP.2012.v18.40951

Publico. (2007). La Asamblea Constituyente de Ecuador disuelve el Congreso y asume plenos poderes. Retrieved June 18, 2017, from http://www.publico.es/internacional/asamblea-constituyente-ecuador-disuelve-congreso.html

Punín Larrea, M. I., & Martínez Haro, A. C. (2013). La profesionalización periodística en Ecuador: ¿La experiencia en las calles o el conocimiento de las aulas? Estudios Sobre El Mensaje Periodístico, 19(1). https://doi.org/10.5209/rev_ESMP.2013.v19.n1.42535

Queiroz, B. C. (2013). El Uso de las redes sociales como fuentes de información para periodistas. Retrieved from http://ddd.uab.cat/record/114825

Ramonet, I. (1998). La tiranía de la Comunicación. Madrid: Debate.

Robles Centeno, J. C. (2011). Mapa de Comunicación del Ecuador (Universidad Técnica Particular de Loja). Retrieved from http://dspace.utpl.edu.ec/bitstream/123456789/5916/1/Mapa%20de%20Medios%20del%20Ecuador%20V.pdf

Rodrigo Alsina, M. (1995). Los modelos de la comunicación. Madrid: Tecnos.

Rodríguez, J. C. (2010). Censura y guerra en los Estados Unidos. Retrieved May 12, 2017, from Club de Libertad Digital website: http://www.clublibertaddigital.com/ilustracion-liberal/44/censura-y-guerra-en-los-estados-unidos-jose-carlos-rodriguez.html

Romero-Rodríguez, L. M., Gadea, W. F., & Díaz, G. H. (2015). Incidencia de la diversificación del ecosistema comunicativo en la sobresaturación informativa. Comunicación: estudios venezolanos de comunicación, (171), 25–33.

Ruiz San Miguel, F. J., & Estrella Tutivén, I. (2016). La credibilidad: el valor agregado-indicador, que ayudará a los informativos de las empresas mediáticas ecuatorianas a sobrevivir frente a los nuevos retos. Retrieved from https://idus.us.es/xmlui/handle/11441/50423

SECOM Ecuador. (2013). Enlace Ciudadano Nro. 326 desde Atahualpa, El Oro. Retrieved from https://www.youtube.com/watch?v=85jNiVcJ1ho

SECOM Ecuador. (2016). Enlace Ciudadano 487 desde Pujilí, provincia de Cotopaxi 06/08/2016. Retrieved from https://www.youtube.com/watch?v=32vsQBOEOOs

Secretaría General Jurídica. Reglamento General de la Ley Orgánica de Comunicación. , (2014).

Serrano, P. (2009). Desinformación. Cómo los medios ocultan al mundo. Ediciones Península.

Serrano, P. (2016). Medios democráticos. Una revolución pendiente en la comunicación. Foca.

Supercom. (2015a). SUPERCOM determina que hubo linchamiento mediático en contra de David Reinoso. Retrieved October 5, 2016, from http://www.supercom.gob.ec/es/sala-de-prensa/noticias/211-supercom-resolucion-linchamiento-mediatico-david-reinoso-tc-debocaenboca-farandula-disculpa-ecuador-comunicacion

Supercom. (2015b). Teleamazonas emitió contenido inadecuado en programa "Jarabe de Pico." Retrieved January 6, 2017, from http://www.supercom.gob.ec/es/sala-de-prensa/noticias/1099-supercom-resolucion-teleamazonas-franja-horaria-jarabe-pico-farandula-infraccion

Supercom. (2016a). "Canela TV" difundió contenido para público adulto en horario familiar. Retrieved February 14, 2018, from http://www.supercom.gob.ec/kw/willachiy-uku/willaykuna/1002-supercom-resolucion-canela-tv-publicidad

Supercom. (2016b). Fútbol FM incumplió el artículo 65 de la LOC. Retrieved February 14, 2018, from http://www.supercom.gob.ec/es/sala-de-prensa/noticias/697-supercom-resolucion-futbolfm-franja-horaria-sancion-radioredonda-baldeon

Supercom. (2016c, October 5). Teleamazonas y Janet Hinostroza cometieron linchamiento mediático. Retrieved October 5, 2016, from http://www.supercom.gob.ec/es/sala-de-prensa/noticias/921-supercom-resolucion-teleamazonas-hinostroza-linchamiento-mediatico-sercop-contratacion-medicamento

Supercom. (2017). Cuatro años democratizando la palabra. Retrieved February 13, 2018, from http://www.supercom.gob.ec/es/sala-de-prensa/noticias/1578-supercom-cuatro-anos-ley-comunicacion-democratizando-palabra

TC Television, & Teleamazonas. (2016). ExJueza Lorena Collantes Nuevamente Hace el ridiculo!! Retrieved from https://www.youtube.com/watch?v=j9ssH9Ovc6k

Telégrafo, E. (2013, February 26). EcuadorTV tiene un estudio digitalizado. Retrieved February 12, 2018, from El Telégrafo website: http://www.eltelegrafo.com.ec/noticias/espectaculos/22/ecuadortv-tiene-un-estudio-digitalizado

Telesur. (2013). Ecuador: Ley de Comunicación reconoce figura de linchamiento mediático. Retrieved October 7, 2016, from http://videos.telesurtv.net/video/140905/ecuador-ley-de-comunicacion-reconoce-figura-de-linchamiento-mediatico

Tuchman, G. (1983). La producción de la noticia. Estudio sobre la construcción de la realidad. Retrieved from http://saber.ucab.edu.ve/handle/123456789/31209

Vidal, L. S. (2005). Prensa rosa: el juego sucio de periodistas y famosos/Rose Press: The Dirty Game of Journalists and Famous. Estudios Sobre El Mensaje Periodístico, 11, 193–210.

Westley, B. H., & MacLean, M. S. (1957). A conceptual model for communications research. Journalism & Mass Communication Quarterly, 34(1), 31–38.

Wolf, M. (1987). La investigación de la comunicación de masas. Paidós.

Zelada, C. (2013). Cuestionamientos a la Ley Orgánica de Comunicación del Ecuador. Asociación Ecuatoriana de Editores de Periódicos.

Este libro se terminó de elaborar en julio de 2019
en la ciudad de Sevilla, bajo los cuidados de
Francisco Anaya, director de Ediciones Egregius.

www.ingramcontent.com/pod-product-compliance
Lightning Source LLC
LaVergne TN
LVHW050541200726
843506LV00001B/47